소소한 바느질 놀이

소소한 바느질 놀이

내추럴 인테리어 생활 소품 DIY

초판 1쇄 2013년 11월 4일
초판 3쇄 2015년 7월 24일

지은이 | 이지안
펴낸이 | 서인석
펴낸곳 | ㈜제우미디어
출판등록 | 제 3-429호
등록일자 | 1992년 8월 17일
주소 | 서울시 마포구 상수동 324-1번지 한주빌딩 5층
전화 | 02-3142-6845
팩스 | 02-3142-0075
홈페이지 | www.jeumedia.com
페이스북 | www.facebook.com/jeumedia
블로그 | blog.naver.com/jeumediablog

ISBN 978-89-5952-294-1 13590

값은 뒤표지에 있습니다.
파본은 본사나 구입하신 서점에서 교환해 드립니다.

만든 사람들
출판사업부총괄 | 손대현
기획편집 | 홍지영
기획팀 | 전태준, 김용진, 김혜리
영업 | 김용현, 김영욱, 박임혜, 신한길, 최호식
제작 | 김금남
디자인 | 올디자인그룹
인쇄 · 제본 | (주)신우디피케이, 정민제본

손끝으로 꿈꾸는 DIY series 07

소소한 바느질 놀이

내추럴 인테리어 생활 소품 DIY

이지안 지음

제우미디어

PROLOGUE

손으로 이것저것 만들어내는 것을 좋아해 취미로 즐기던 바느질이 일상이 된 지 어느덧 일 년이 흘렀습니다. 이 책을 준비하기 시작한 것도 바로 엊그제 같은데, 벌써 일 년에 가까운 시간이 흘렀네요. 돌이켜 생각해보니 그 시간이 마치 꿈만 같아요. 마냥 즐겁고 행복할 줄만 알았던 집필기간은 참으로 힘들고 어려운 순간들의 연속이었어요. 힘든 기간 동안 함께해 준 가족과 친구들, 그리고 홍지영 편집자님께 감사함을 온 마음으로 전합니다.

처음 목차를 구성하면서 가장 많이 했던 고민은 '책 속에 담길 아이템이 실생활에서도 유용하게 사용될 수 있었으면 좋겠다.'였답니다. 그 고민은 아이템을 제작하는 동안에도, 원고를 집필하는 동안에도, 사진을 촬영하면서도, 그리고 마지막 교정을 보는 순간까지도 계속되었지요. 누군가의 정성과 시간이 들어간 핸드메이드 작품이 그저 눈으로만 즐기는 것이 아닌 생활 그 자체에 스며들기를, 일상 속에서 그 공간과 하나가 되기를 바랐습니다.

핸드메이드에는, 특히 바느질에는 정답이 없다고 생각해요. 그래서 저는 아이템을 제작할 때 다양한 기법을 활용해 보는 것을 좋아합니다. 지퍼 파우치의 지퍼 고리에 못 쓰는 목걸이의 구슬을 이용해 예쁜 고리를 만들어 달아보기도 하고, 티 코스터에 작은 커피잔을 스티치로 그려 넣기도 해요. 일정한 형식이나 틀에 박힌 방법이 아닌 내가 생각하는 대로, 손이 가는 대로 만들었을 때 멋진 나만의 작품이 탄생할 수 있는 것이겠지요. 또한 그것이 핸드메이드의 매력이기도 합니다. 여러분도 자신만의 원단의 매치와 디자인, 부재료의 장식 등 하나하나의 과정마다 많은 고민을 거쳐 작품이 완성되었을 때의 뿌듯함과 행복감을 만끽하실 수 있었으면 해요.

자기가 좋아하는 것을 알고, 그것을 즐길 줄 아는 사람이야말로 행복한 사람이라고 생각해요. 그것이 등산이든, 악기 연주이든, 바느질이든 자기가 좋아하는 것을 하는 사람의 얼굴에는 언제나 반짝반짝 빛이 나요. 바느질이 여러분의 일상을 반짝반짝 빛나게 만들어 주는 즐거움이 되기를 바랍니다.

2013년 10월, 이지안

LET'S SEWING TIME

LET'S SEWING TIME

#01

티코스터

#02

스트링파우치

#03

납작파우치

#04

프레임파우치

#05

펜슬 케이스

#06

패브릭 봉투

#07

노트북파우치

#08

테이블 매트

#09

커트러리 케이스

#10

오븐장갑

#11

냄비받침

#12

앞치마

#13

비닐봉지 주머니

#14

오뚝이인형

#15

호박핀쿠션

#16

반짇고리

#17

두루마리 휴지 케이스

#18

패브릭 정리함

#19

튜닉 원피스

#20

소녀 감성 케이프

#21

룸 슈즈

#22

빈티지 쿠션

#23

레트로 폼폼 방석

#24

베개 커버

#25

이불 커버

#26

알로하, 하와이안 커튼

#27

캔디팝 동전지갑

#28

카드 케이스

#29

행복한 코끼리 에코백

#30

DSLR 파우치

#31

미니 크로스백

#32

도시락 토트백

#33

피크닉 매트

#34

물병 주머니

#35

피크닉 가방

CONTENTS

CHAPTER 1

바느질의 기초

CHAPTER 2

감성 데일리 아이템

CHAPTER 3

달콤한 테이블을 위한 키친웨어

CHAPTER 4

일상을 즐기는 홈 데코

CHAPTER 5

포근한 휴식의 공간

CHAPTER 6

맑은 날의 외출

CHAPTER 7

피크닉 데이

brother
COMPUTER
DS-140

CHAPTER 1

바느질의 기초

SEWING INTRO. 1

바느질에 필요한 기초 도구

1 시접자

60cm 시접자로, 사이즈를 재거나 완성선과 시접선을 그릴 때 사용하면 편리합니다.

2 줄자

사이즈를 재거나 의류 등 곡선이 있는 작품을 만들 때 사용합니다.

3 재단가위

원단을 자르는 가위입니다. 원단 외에 다른 것을 사용하면 금방 망가지니 주의하세요.

4 패브릭용 수성펜

도안을 그릴 때 사용하는 펜입니다. 물이 닿으면 금방 지워져 완성된 제품의 완성선이 지저분해 보이지 않아요.

5 쪽가위

실을 자를 때 사용합니다. 완성 후 실밥을 마무리 정리할 때도 편리합니다.

6 실뜯개

바느질이 잘못되어 실을 뜯어내야 할 때 사용합니다. 단춧구멍을 뚫어줄 때도 사용할 수 있어요.

7 송곳

원단에 구멍을 내거나 마무리 시 창구멍으로 뒤집은 후 모서리 부분을 정리할 때 사용하면 편리합니다.

8 손바느질용 바늘

재봉틀을 사용하더라도 마무리에는 손바느질이 필요한 경우가 있어요. 창구멍을 막기 위해 공그르기를 하거나 박음질을 할 때 사용합니다.

9 노루발

용도에 따라 재봉틀에 바꿔 끼워 재봉을 할 수 있습니다. 기본 직선박기 노루발 외에 가장 많이 쓰이는 노루발은 지퍼 노루발, 말아박기 노루발, 주름 노루발 등이 있어요.

10 핀 쿠션

시침핀을 꽂아두는 용도로 사용하며, 바느질을 할 때 옆에 두면 아주 유용합니다.

11 시침핀

원단끼리 겹쳐 움직이지 않게 고정할 때 사용합니다.

12 재봉틀용 바늘

재봉틀용 바늘은 바늘이 굵을수록 호수가 커집니다. 16호가 두꺼운 원단용이고, 9호가 가장 얇은 원단용입니다. 보통 일반적으로 사용하는 것은 14호입니다.

13 재봉실

재봉할 때 사용하는 실로 손바느질용과 구분됩니다. 리넨 색상과 아이보리 색상이 어느 원단에나 잘 어울려 많이 사용합니다.

SEWING INTRO. 2

여러 가지 기초 부자재

1 웨이빙 & 웨이빙 끈

도톰한 두께감에 물결처럼 웨이브가 들어간 독특한 짜임으로 튼튼하게 만들어진 끈입니다. 가방 손잡이나 각종 소품에 장식으로 사용합니다.

2 지퍼

지퍼는 종류가 무척 다양해요. 장식적인 효과를 주는 컬러와 디자인이 예쁜 지퍼부터, 지퍼가 숨겨져 잘 보이지 않는 콘솔 지퍼까지 다양한 스타일의 지퍼가 있으니 작품의 용도에 맞게 골라 사용하세요.

3 바이어스 테이프

원단의 테두리에 둘러 감아 깔끔하게 마무리 해주는 테이프예요. 직접 만들어 사용할 수도 있지만, 최근에는 다양한 디자인의 바이어스 테이프가 있으니 구매해 사용해도 좋아요.

4 스트링

파우치 등을 만들 때 사용하는 끈입니다. 면이나 가죽 등 종류가 다양하며 여밈용 혹은 장식용으로 사용합니다.

5 프레임

동전 지갑, 파우치, 가방 등을 만들 때 입구를 여미는 용도로 사용합니다. 프레임의 형태와 구슬 장식 등의 디자인이 다양해 적절히 활용하면 작품을 돋보이게 해줍니다.

6 D링 & 가방 연결 고리

가방을 만들 때 사용합니다. 가방 몸판과 끈을 연결하는 부위에 넣어주면, 더욱 튼튼하고 완성도 높은 작품을 만들 수 있어요.

7 열쇠고리

카드 지갑 혹은 동전 지갑, 작은 파우치 등에 고리를 달아 연결합니다.

8 스냅단추

'똑딱이 단추'라고도 불리며, 오목한 부분과 볼록한 부분이 한 쌍을 이룹니다. 플라스틱 소재와 금속 소재가 있습니다.

SEWING INTRO. 3

장식용 부자재

1 토숀 레이스

끝단 장식이나 원단끼리 연결한 뒤 이음선에 달아주면 예뻐요.

2 면 테이프

원단의 이음선에 장식하거나 고리 혹은 끈 대용으로도 사용할 수 있습니다.

3 라벨

가죽·종이 등 다양한 소재가 있으며, 작품의 한쪽에 달아 장식할 수 있습니다.

4 와펜

모자나 재킷 등에 들어가는 장식을 말하며, 원단에 자수가 놓인 것이 대부분이나 최근에는 다양한 소재의 와펜이 많이 나와 있어요. 그 중 저는 레이스 와펜을 자주 활용하는 편입니다.

5 스탬프 & 잉크

원단에 도장을 찍어 나만의 개성 넘치는 원단을 만들 수 있습니다.

6 폼폼 방울

털실로 만든 방울로, 색상과 크기, 털실의 밀도에 따라 다양한 느낌으로 포인트를 줄 수 있습니다.

7 단추 & 참 장식

빈티지한 스타일부터 귀여운 스타일까지 단추와 참 장식은 패브릭 소품 장식에 가장 효과적인 부자재예요!

8 자수용 실 & 바늘

작은 자수 하나가 작품의 분위기를 더욱 따뜻한 느낌으로 표현해 줍니다.

SEWING INTRO. 4

원단의 종류

작은 생활 소품부터 의류와 액세서리, 쿠션과 침구, 커튼에 이르는 홈패션까지!
원단으로 무궁무진하게 다양한 작품을 제작할 수 있답니다. 하지만 바느질을 처음 시작하는 분들은
어떤 작품에 어떤 종류의 원단이 적합한지 몰라 원단을 구매할 때 어려움을 겪고는 하죠.
그러한 고민을 조금이라도 덜어드리고자 이 책에서 사용된 원단에 대해 간단히 소개하고 넘어갈게요!

· 리넨

인류가 최초로 사용한 직물이라고 알려진 리넨은 마직물의 한 종류로 은은한 광택이 흐를수록 촉감이 부드럽고 유연성이 좋아 고급 리넨에 속합니다. 커튼이나 침구, 소품 제작에 많이 사용되지요. 자연스러운 질감과 색감으로 작품을 만들었을 때 감성적인 느낌이 들어 제가 자주 애용하는 원단입니다.

· 면

천연섬유로 부드럽고 관리하기 편리해 가장 많이 사용되는 섬유입니다. 시원한 촉감의 아사면, 표면의 보풀이 있어 부드럽고 따뜻한 기모면, 목화씨의 껍질이 섬유 표면에 그대로 노출되어 자연스러운 느낌이 좋은 광목 등 종류와 특징에 따라 널리 사용됩니다.

· 라미네이트 원단

원단의 한쪽은 일반 원단이지만, 다른 한쪽은 라미네이트 코팅이 되어 있어 기존의 일반 방수 원단보다 실용적이고 쓰임새가 다양합니다.

· 크라프트 원단

종이 재질의 원단으로, 자연스럽게 구김을 주어 사용하면 더욱 멋스럽습니다.

SEWING INTRO. 5

재단하기

이 책에 제공된 도안은 시접선이 없는 완성선 도안입니다.
도안이 움직이지 않게 원단에 고정시킨 후, 완성선을 그리고 그 완성선에 맞춰 일정한 간격을 주어 시접선을 그려줍니다. 저는 모든 시접을 1cm로 주었어요.

완성선

실제 바느질되는 선입니다.

시접선

바느질을 하기 위해서는 원단과 원단을 이어주는 완성선 외에 여유선이 필요합니다. 이를 '시접선'이라고 하는데요. 보통 시접선은 완성선에서 1cm 정도 여유를 주고 그려줍니다. 이 선에 맞추어 가위로 재단합니다.

★ 곡선이 있는 도안은 시접에 일정한 간격으로 가위집을 내어주면 곡선이 예쁘게 바느질됩니다.

SEWING INTRO. 6

재봉틀 사용 방법 및 용어 이해하기

재봉틀 사용 방법

재봉 선택 키

재봉 선택 키를 눌러 원하는 재봉 스타일을 선택할 수 있습니다.

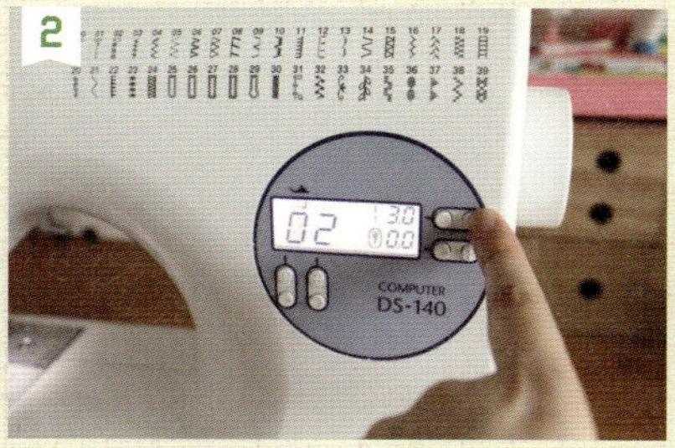

땀 길이 조절 키

바늘땀의 길이를 설정합니다. +를 한 번 누를 때 마다 0.5mm씩 수치가 조정됩니다.

땀 폭 조절 키

바늘땀의 폭을 조정합니다. 지그재그 박기나 오버로크 등 가로로 재봉될 때 가로 바늘땀의 길이를 설정합니다.

재봉 속도 조절기

오른쪽으로 갈수록 재봉 속도가 빨라집니다.

바늘 위치 조절 버튼

바늘을 올리거나 내릴 때 사용합니다.

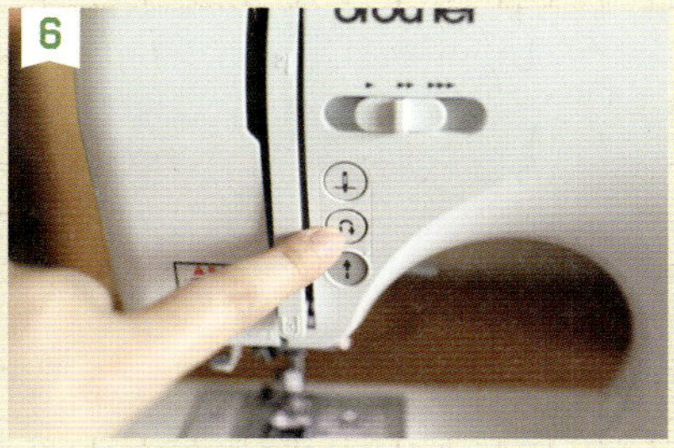

후진 보강 재봉 버튼

후진 재봉을 할 때 사용합니다. 바느질의 시작과 끝에 되돌아 박기를 해 바늘땀이 풀리지 않도록 할 때 사용합니다.

시작 & 멈춤 버튼

재봉을 시작하거나 멈출 때 사용합니다.

윗실 장력 조절 다이얼

윗실의 당기는 힘을 조절하는 기능으로, 원단의 두께에 따라 설정을 바꿔 재봉합니다.

실패꽂이

재봉 시 실을 꽂아서 사용하면 편리합니다.

재봉틀 용어

바늘 클램프 나사

바늘을 고정시킬 때 바늘 클램프 나사를 사용하여 고정시킵니다.

노루발 레버

노루발을 올리거나 내릴 때 사용합니다.

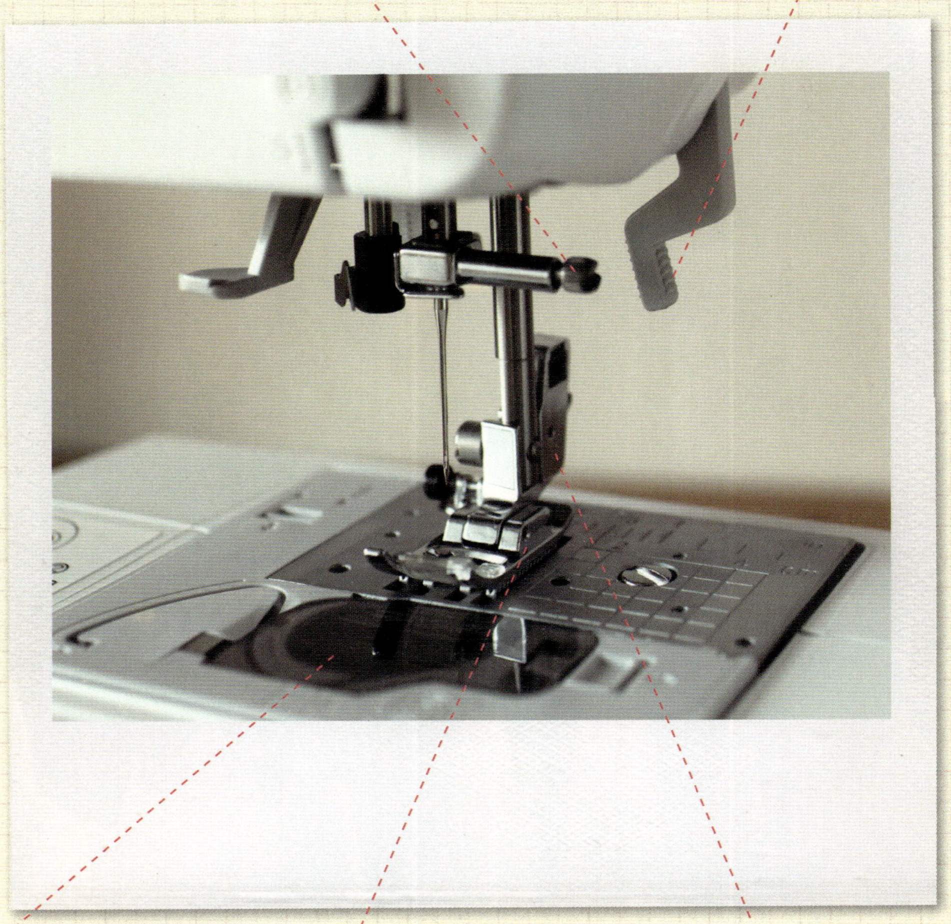

북집 커버

북집에 실토리를 장착할 때 이 커버를 열고 아래에 밑실을 넣어줍니다.

노루발

재봉을 할 때 원단을 위에서 눌러주어 원단이 뒤로 밀려 나갈 수 있도록 합니다.

노루발 홀더

노루발을 재봉틀에 연결해주는 장치입니다. 노루발을 이 홀더에 장착합니다.

노루발 교체 방법

1

바늘 위치 조절 버튼을 이용해 바늘을 올리고 전원을 끕니다.

2

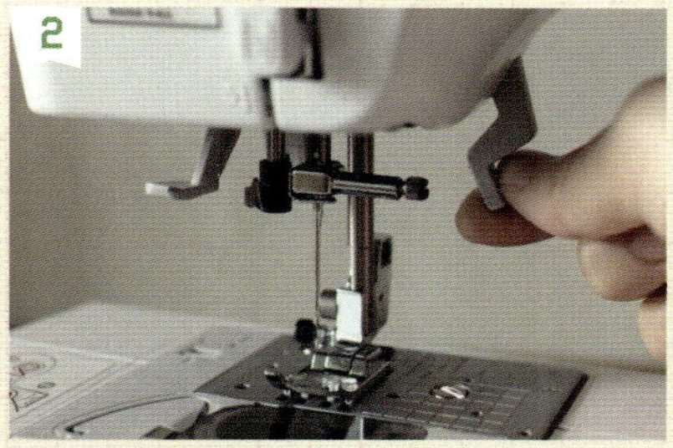

노루발 레버를 올립니다.

3

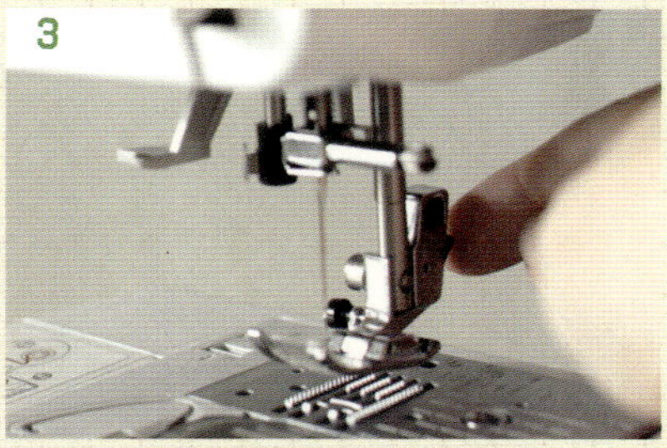

노루발 홀더 뒤의 버튼을 눌러 기존의 노루발을 분리합니다.

4

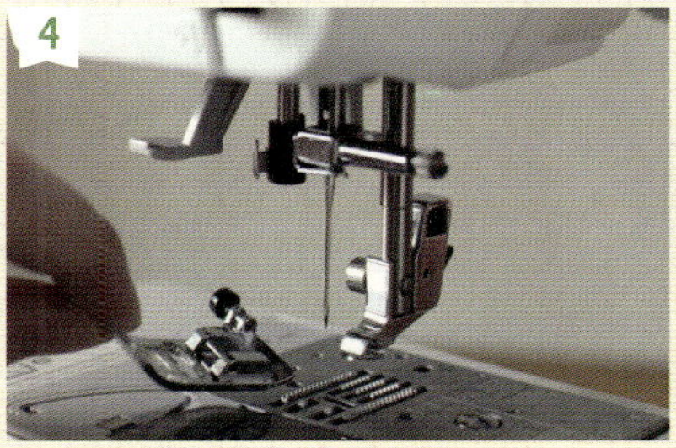

분리된 노루발이 제거된 상태입니다.

5

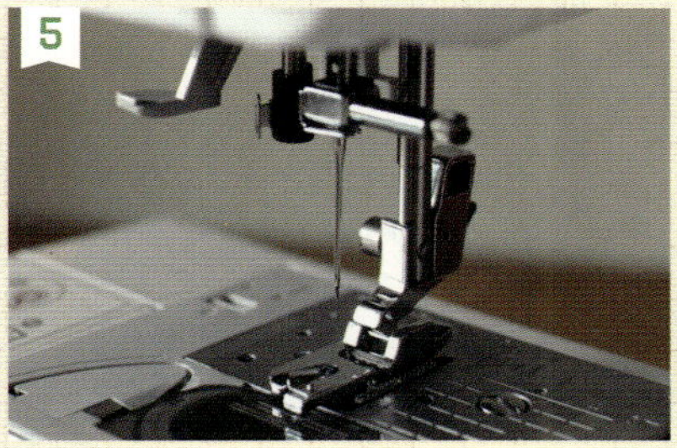

새로 교체될 노루발의 핀을 노루발 홀더의 홈 아래로 놓습니다.

6

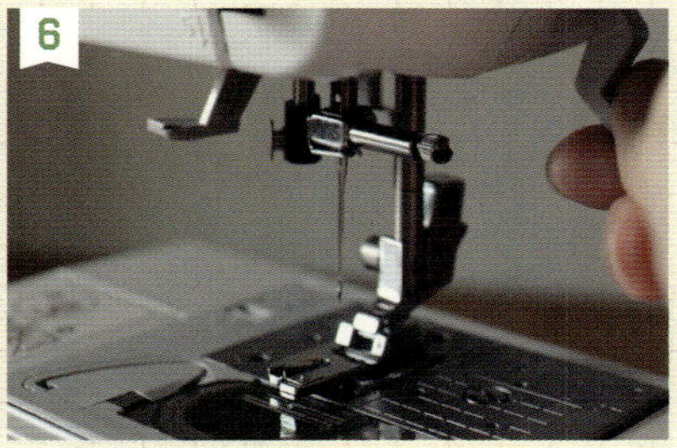

노루발 레버를 내려서 노루발 핀이 노루발 홀더의 홈 안으로 딸깍하고 소리가 나도록 맞추어 들어가도록 합니다.

재봉틀 사용하기

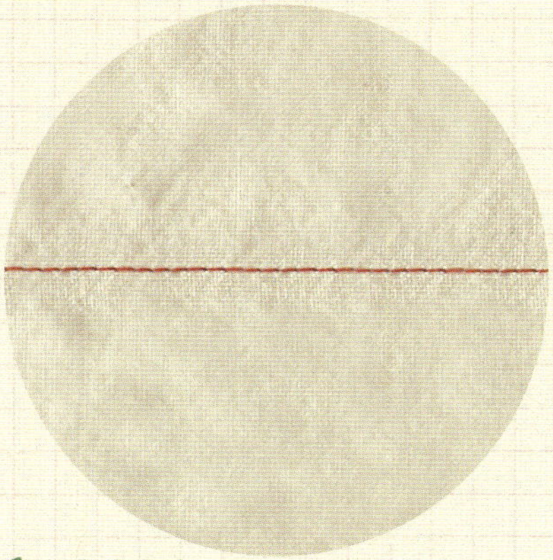

1 직선박기

바늘땀의 간격이 일정하고 일직선으로 재봉이 됩니다. 손바느질의 박음질과 같으며 바늘땀은 보통 2.5~3mm를 가장 많이 사용합니다. 원단이 두꺼울수록 바늘땀의 길이를 길게 설정해 사용하세요.

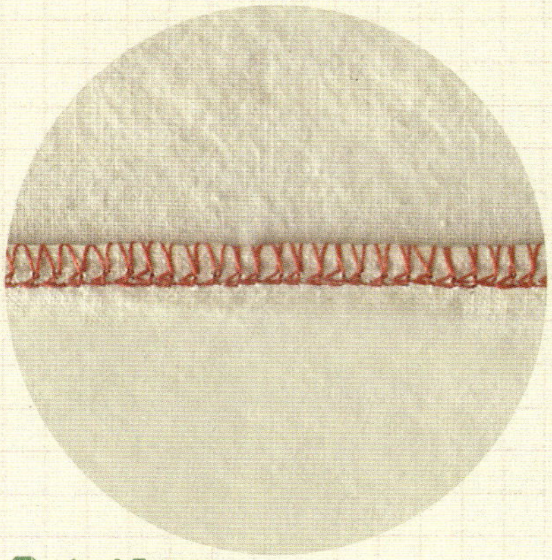

2 오버로크

마름질한 원단의 가장자리에 올이 풀리지 않도록 시접을 처리하는 방법입니다. 손바느질할 경우 휘감치기로 대신할 수 있으며, 오버로크 기능이 내장된 재봉틀이 아니라면 지그재그 박기로 대신할 수도 있습니다.

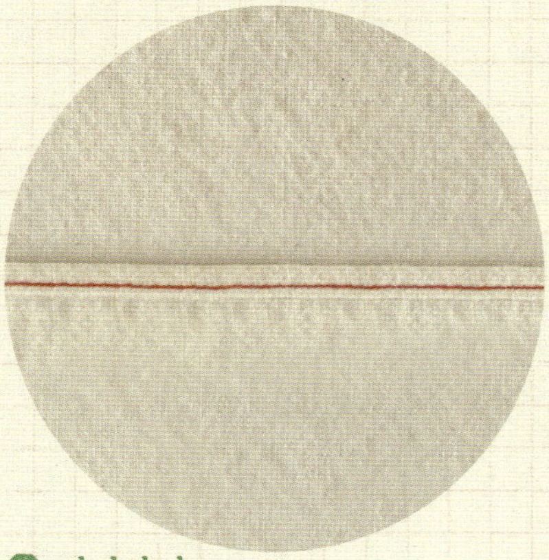

3 말아박기

오버로크와 마찬가지로 원단의 가장자리에 올이 풀리지 않도록 시접을 처리하는 방식입니다. 원단이 2중으로 말리며 직선박기가 되므로 시폰처럼 얇은 원단이나 끝단이 노출되는 작품을 만들 때 사용하면 좋습니다. 말아박기 전용 노루발을 사용하여 직선박기로 재봉합니다. 손바느질할 경우 0.5cm씩 두 번 접어 박음질하는 것으로 대신할 수 있습니다.

SEWING INTRO. 7

기본 손바느질 방법

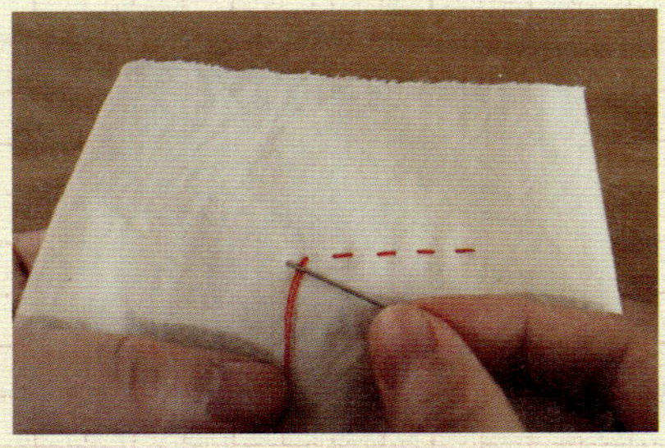

홈질

일정한 간격으로 바늘땀을 유지하며 바느질하는 방법입니다. 바늘땀의 간격을 넓게 하면 시침질이 됩니다.

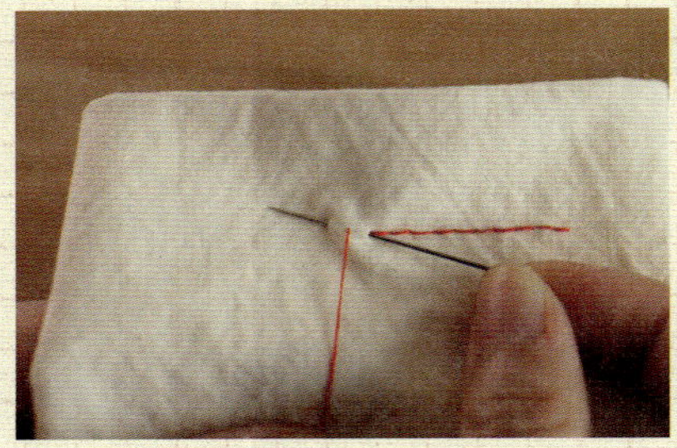

박음질

바느질 선이 끊기지 않아 손으로 하는 바느질 중 가장 튼튼한 바느질로, 제가 주로 사용하는 방법입니다.

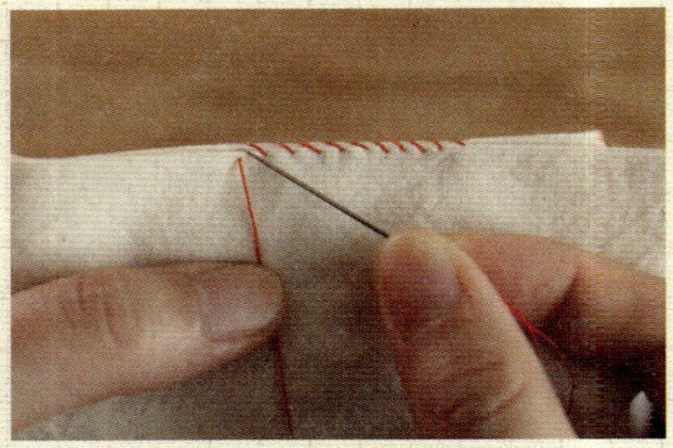

감침질

두 원단을 포개어 바느질할 끝 부분을 감싸듯이 바느질하는 방법입니다.

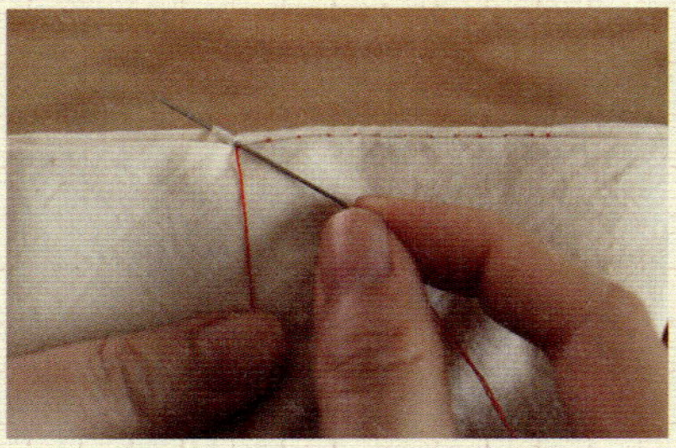

공그르기

바늘땀이 겉으로 보이지 않게 속으로 숨기며 바느질하는 방법입니다.

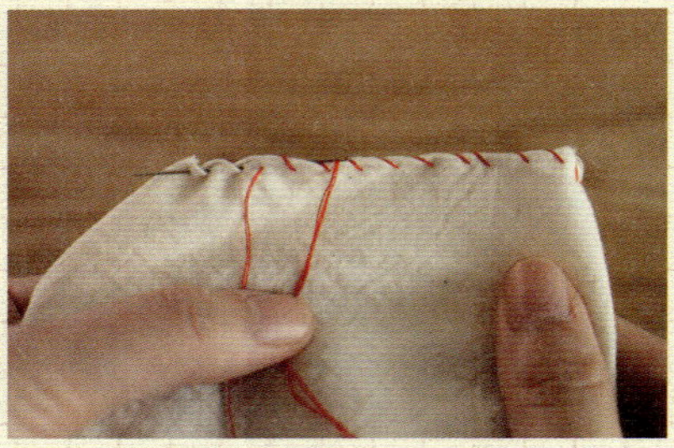

휘갑치기

마름질한 원단의 올이 풀리지 않도록 가장자리를 감치는 바느질 방법입니다. 한 번에 5~6땀을 휘갑치기 해 실을 잡아 빼는 방법을 반복합니다. 보통 1cm씩 바늘땀의 간격을 두고 성글게 휘갑치기를 하며, 올이 잘 풀리는 원단일수록 바늘땀의 간격을 촘촘하게 바느질합니다.

SEWING INTRO. 8

바이어스 테이프 만들기

바이어스 테이프를 만들 때 가장 중요한 것은 원단의 방향입니다. 바이어스가 둘러질 부분이 직선이라 신축성이 불필요하다면 바이어스 원단을 직선 방향으로 재단해 만드는 것이 경제적이며, 의류와 같이 곡선이 있거나 신축성이 필요한 작품을 만들 때는 바이어스 원단을 사선 방향으로 재단해 사용해야 합니다. 사선 방향으로 재단하면 원단이 잘 늘어나 곡선 부분이 유연하게 재봉되기 때문이지요.
사선 바이어스 테이프를 만드는 방법에 대해 간단히 설명해 드릴게요.
직접 재단해 만드는 방법과, 바이어스 메이커를 이용해 좀 더 쉽게 만들 수 있는 방법을 소개합니다!

직접 재단하기

준비물 • 원단, 재단용 가위, 자, 다리미

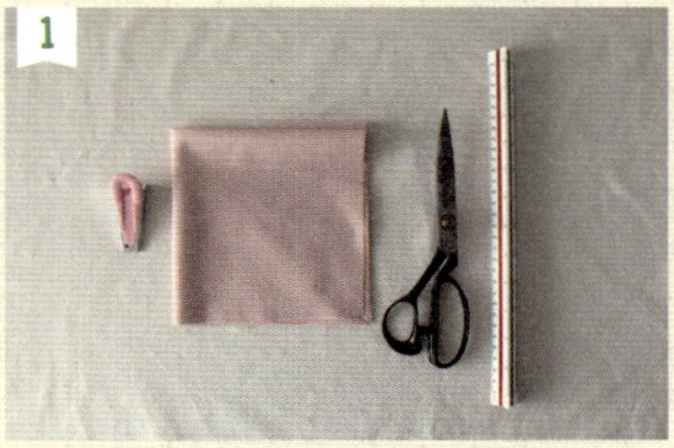

재료를 준비합니다.

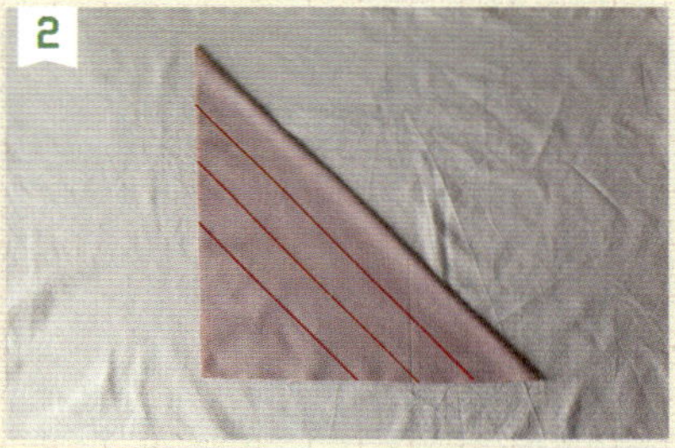

원단을 대각선으로 접고, 접은 선을 중심으로 만들고자 하는 바이어스 폭의 4배–0.4cm로 재단선을 표시합니다. (예: 1cm의 바이어스의 경우 3.6cm로 재단)

재단선에 맞춰 천을 재단합니다.

★ 직선 바이어스의 경우, 원단을 펼쳐 직각 방향으로 재단하면 됩니다.

재단해 놓은 2장의 천을 겉끼리 맞대고 뾰족한 꼭지점이 뿔처럼 튀어 나오도록 직각으로 겹친 후, 직각 부분의 끝까지 박음질합니다.

시접은 가름솔 해 다림질합니다.

뾰족하게 튀어 나온 뿔 부분은 가위로 잘라냅니다.

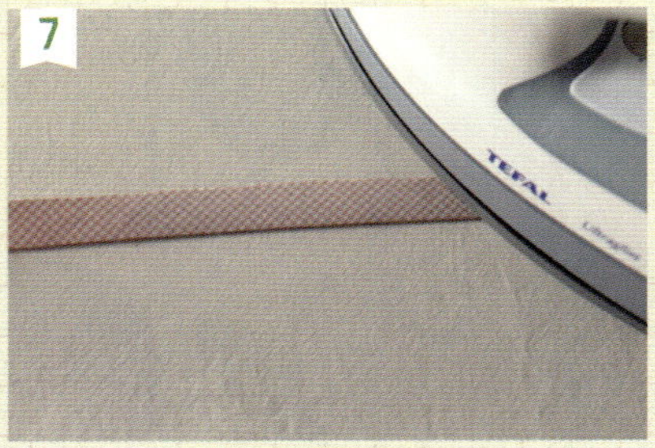

반을 접어 다림질합니다.

반으로 접은 것을 펼친 후,

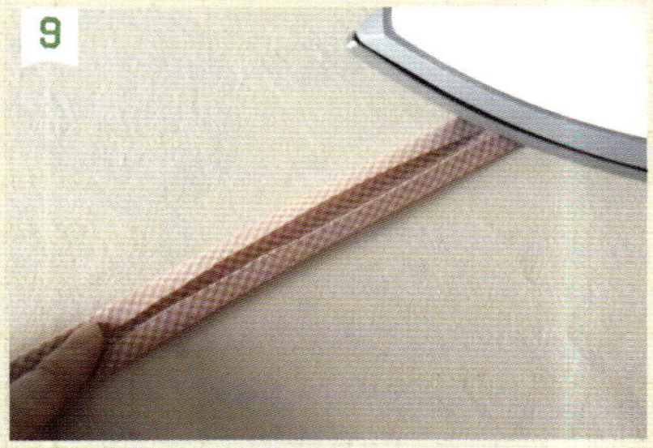

위아래의 끝을 다시 절반씩 접어 다림질합니다.

위아래가 접힌 상태에서 중심선에 맞춰 다시 반으로 접어 다림질해 고정하면 완성!

바이어스 메이커 활용하기

바이어스 메이커를 활용할 때는 바이어스 메이커에 표시된 사이즈의 2배로 천을 재단하여 사용합니다.
(예: 바이어스 메이커에 1.8로 기재된 경우, 3.6cm로 재단)

재단해 놓은 바이어스 천과 바이어스 메이커를 준비합니다. 천의 끝은 사선으로 뾰족하게 잘라 주어야 합니다.

바이어스 메이커의 넓은 쪽으로 바이어스 천을 넣어줍니다.

좁은 쪽으로 천의 양쪽 끝이 안쪽으로 말려 빠져나오도록 합니다.

바이어스 메이커를 천천히 뒤로 당기고, 양쪽이 말린 채로 빠져 나온 천을 다림질로 고정합니다.

위아래가 접힌 상태에서 중심선에 맞춰 다시 반으로 접어 다림질해 고정하면 완성!

CHAPTER 2

감성 데일리 아이템

SEWING ITEM. 01

티코스터

자칫 무미건조할 수 있는 테이블을
좀 더 반짝이게 만들어 줄 티 코스터를 만들어 볼까요?
조금씩 남은 원단을 활용해 패치하거나, 큰 패턴의 커트지를 활용하면 더 좋아요.
사람들과 함께하는 티파티에서도, 혼자만의 티타임에서도
작은 패브릭이 따뜻함을 물씬 불어넣어 줄 거예요!

티코스터

완성 사이즈 • 10cm×10cm

준비물 • **A** 패치무늬 원단 10cm×10cm 1장, **B** 리넨 원단 10cm×10cm 1장, 2온스 접착솜 10cm×10cm 1장, 끼움 라벨 1장

난이도 • ★☆☆☆☆

1

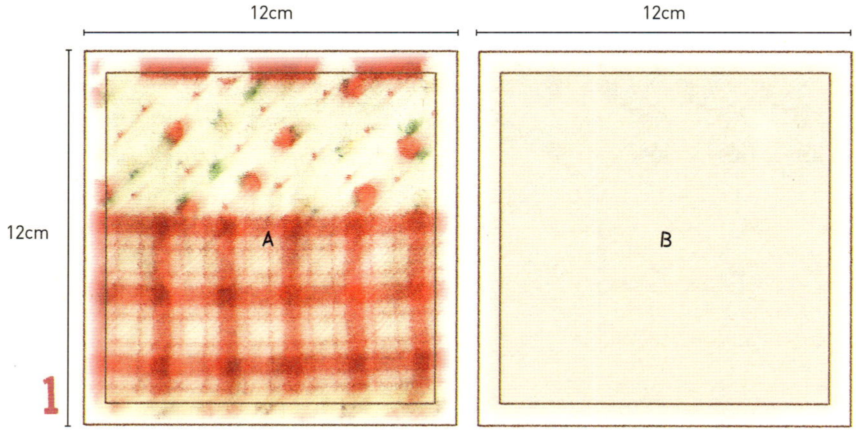

원단들을 각각 시접 1cm씩 여분을 두어 재단합니다.

2

A의 안쪽과 접착솜의 까칠한 부분을 맞대고 시침핀으로 고정시킨 뒤 원단 위를 다림질해 붙여줍니다.

3

접착솜을 붙인 A의 겉면 한쪽에 끼움 라벨을 겉면이 바깥으로 보이도록 반으로 접어 시침핀으로 고정해둡니다.

4

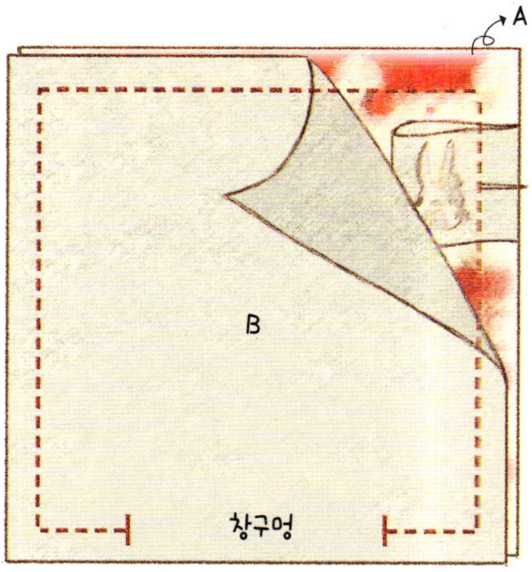

A와 B를 겉끼리 마주보게 포갠 후, 창구멍을 남기고 박음질합니다.

5

창구멍으로 뒤집은 후, 공그르기 해 창구멍을 막아줍니다.

6

테두리에서 3mm 정도 여유를 두어 상침하면 완성!

SEWING ITEM. 02

스트링파우치

뽀얀 광목 원단에 귀여운 물방울무늬 원단,
솜사탕같이 보송보송한 폼폼 방울을 이용해 스트링 파우치를 만들어 볼까요?
간단하게 만들 수 있는 아이템인데다,
원단 매치나 여러 가지 데코 소품을 활용하면
용도에 따라 다양한 스타일로 만들어 사용할 수 있답니다.

스트링파우치

완성 사이즈 • 13cm×16cm

준비물 • **A** 리넨 원단 13cm×15.5cm 2장, **B** 옐로우 체크 원단 13cm×3.5 2장, **C** 그린 도트 원단 13cm×9cm 2장, 스트링 35cm 2줄, 리본 참 1개, 폼폼 방울 2개, 와펜 레이스 1개

난이도 • ★★☆☆☆

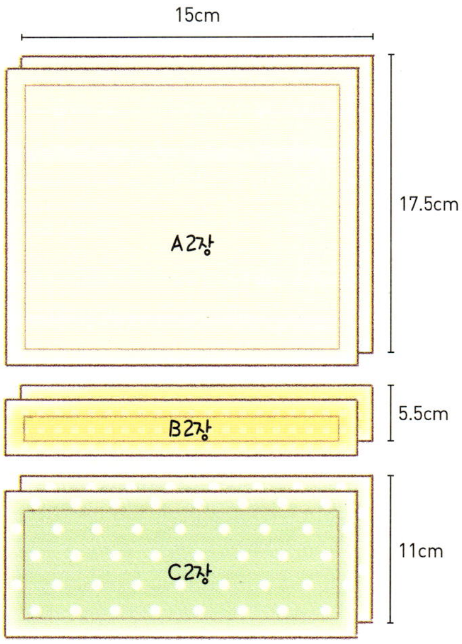

1

원단들을 각각 시접 1cm씩 여분을 두어 2장씩 재단합니다.

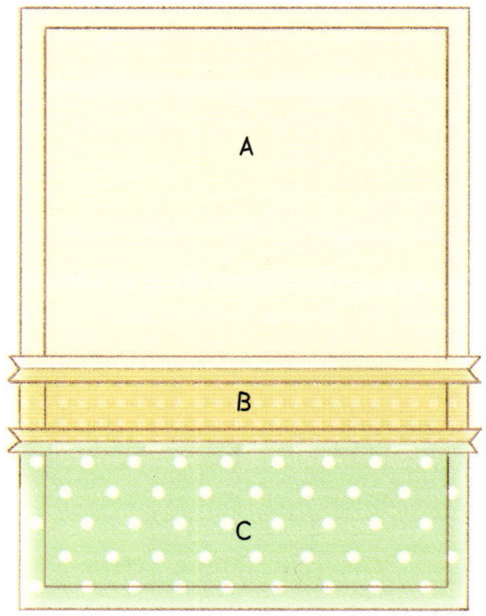

2

A, B, C 순서대로 겉끼리 맞대어 박음질하고, 시접은 가름솔 해 다림질 해주세요(2장 모두 해주세요).

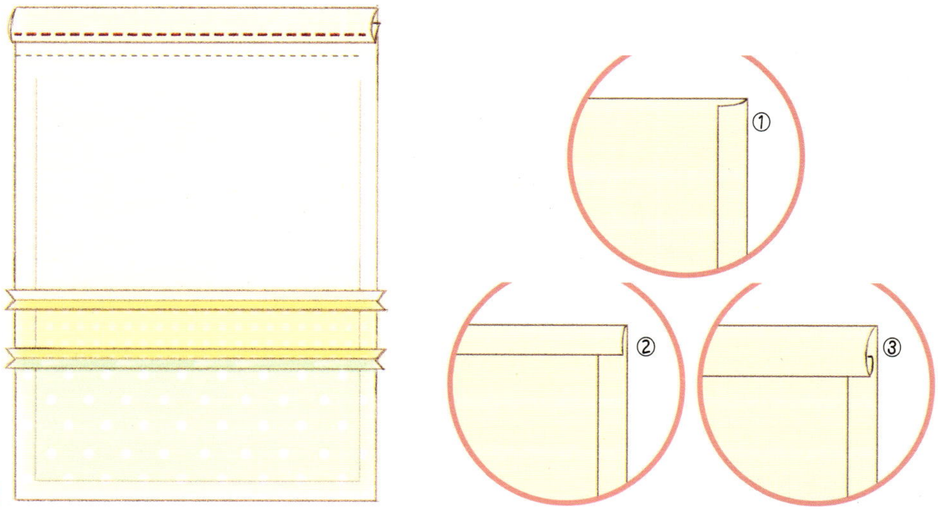

3

A의 상단 시접을 안으로 말아 박음질해 스트링이 들어갈 터널을 만들어 줍니다. 이때 양옆의 시접은 그림과 같이 모서리를 접어 정리합니다.

4

스트링이 들어갈 터널을 2장 모두 만든 후, 겉끼리 마주보게 포개어 상단을 제외한 3면을 박음질합니다.

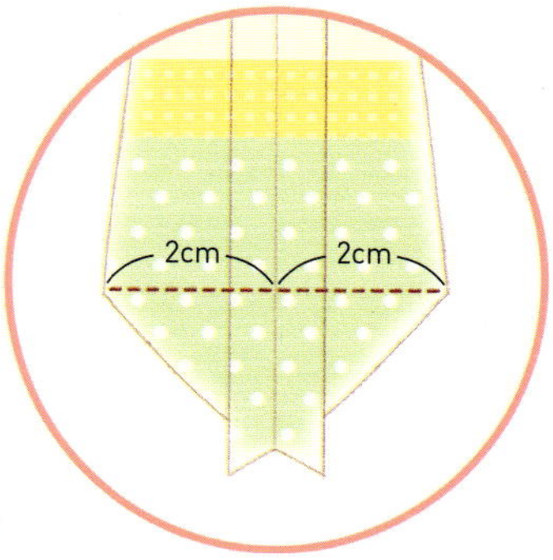

5

파우치의 측면을 납작하게 바닥에 펼치면, 하단에 그림과 같이 삼각형이 만들어 집니다. 시접은 가름솔하고, 중심선에서 양쪽으로 각각 2cm 정도 되는 지점을 체크한 후 가로로 박음질합니다.

6

원단을 뒤집은 후, 레이스 와펜과 리본 참을 달아 장식해 주세요. 스트링 터널에 스트링을 넣어주면 완성!

★ 스트링의 끝에는 귀여운 퐁퐁 방울을 달아주세요.

SEWING ITEM. 03

납작 파우치

리넨에 작은 꽃을 수놓아 납작한 지퍼 파우치를 만들어 보았어요.
리넨은 내추럴하지만 자칫 심심하게 느껴질 수 있는 원단이죠.
이럴 때는 작은 스티치를 넣어 포인트를 주면 좋아요!
서툰 솜씨로 만들어진 삐뚤빼뚤한 스티치라도 괜찮아요.
그것 나름대로 정감이 있어 좋으니까요.

납작 파우치

완성 사이즈 • 21cm×17cm

준비물 • **A** 리넨 원단 21cm×3.5cm 1장, **B** 핑크 일러스트 원단 21cm×8.5cm 1장, **C** 레드 도트 원단 21cm×4cm 1장, **D** 뒤판용 핑크 일러스트 원단 21cm×13cm 1장, **E** 뒤판용 레드 도트 원단 21cm×4cm 1장, **F** 안감용 원단 21cm×3.5cm 1장, **G** 안감용 원단 21cm×14.5cm 1장, **H** 안감용 원단 21cm×17cm 1장, 빨간색 지퍼 21cm 1개, 레이스 21cm 2개, 자수용 실

난이도 • ★★★☆☆

1

원단들을 각각 시접 1cm씩 여분을 두어 재단합니다.

2

A의 겉면에 자수를 놓아주고, B와 C는 겉끼리 마주보게 포갠 후 박음질합니다.

★ 자수 도안은 63P를 참고하세요.

3

B와 C 사이에 레이스를 박음질해 경계 부분을 자연스럽게 가려줍니다. D와 E 역시 같은 방법으로 만들어 주세요.

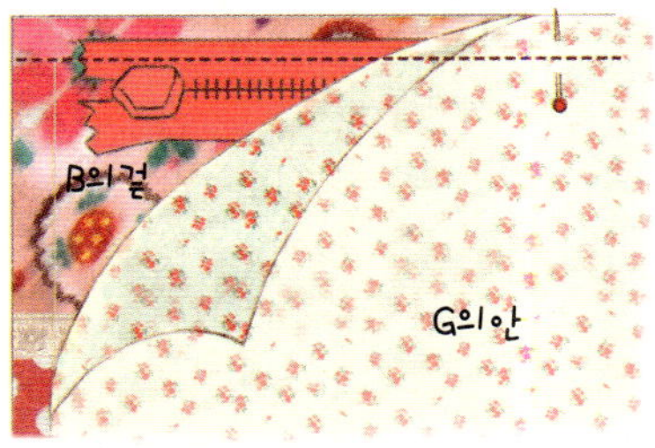

4

레이스를 연결한 B의 겉면 위에 지퍼를 뒤집어 올려두고 그 위에 G의 안이 위로 보이도록 올려 박음질합니다.

5

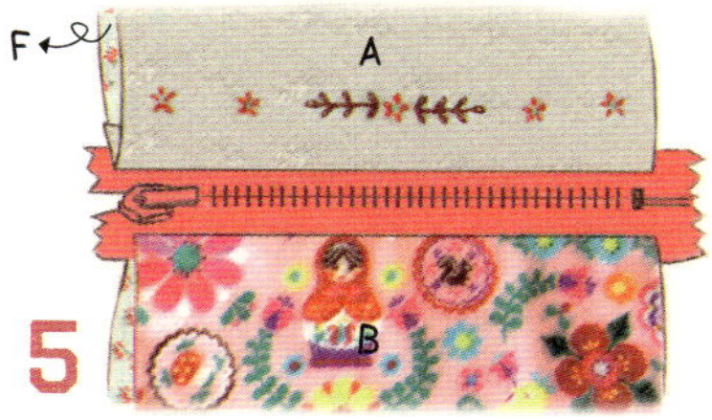

자수를 놓은 A와 재단해 둔 F 역시 4번 과 같은 방법으로 반대편 지퍼에 박음질해 이어줍니다.

6

앞판의 겉감과 안감에 지퍼를 달아준 모습입니다.

7

만들어 놓은 앞판에 D와 E를 연결한 뒤판을 겉끼리 마주보게 포갠 후, 앞판의 겉감과 뒤판의 위아래를 박음질합니다.

★ 이때 앞판의 안감은 함께 박음질하지 않으니 유의하세요.

8

지퍼를 반쯤 열어두고, 앞판의 안쪽이 위로 향하도록 놓아둡니다.

9

안감 H의 겉면이 앞판의 안감과 마주보게 포갠 후, 안감끼리만 위아래를 박음질해 이어줍니다. 이때 창구멍 남기는 것 잊지 마세요!

10

박음질하지 않은 양옆은 안감과 겉감을 함께 박음질합니다.

11

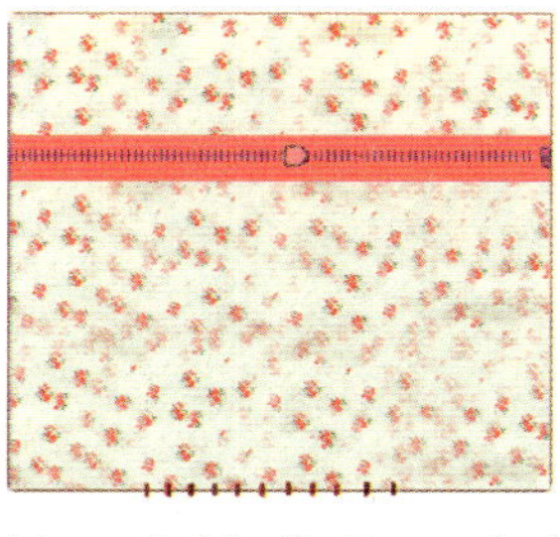

창구멍으로 뒤집은 후, 공그르기 해 마무리하면 완성!

SEWING ITEM. 04

프레임 파우치

어린 시절 엄마놀이를 할 때면 꼭 탐이 났던 엄마의 지갑이 있었답니다.
엄마 몰래 화장대 서랍 속에서 꺼내어 한참을 가지고 놀던 기억이
지금도 어렴풋이 떠오르곤 해요.
둥근 손잡이의 똑딱이 프레임이 달린 그 지갑이
그때는 어찌나 예뻐 보였나 몰라요.

도안OK

프레임 파우치

완성 사이즈 • 15cm×15cm

준비물 • **A** 리넨 원단 12cm×5cm 2장, **B** 플라워 원단 15cm×7cm 2장, **C** 몸판 안감용 원단 15cm×12cm 2장, **D** 바닥용 원단 29cm×7.5cm 1장, **E** 바닥 안감용 원단 29cm×7.5cm 1장, 2온스 접착솜 15cm×12cm 2장, 29cm×7.5cm 1장, 레이스 13cm 2개, 프레임 12cm 1개, 십자수 실

난이도 • ★★★★☆

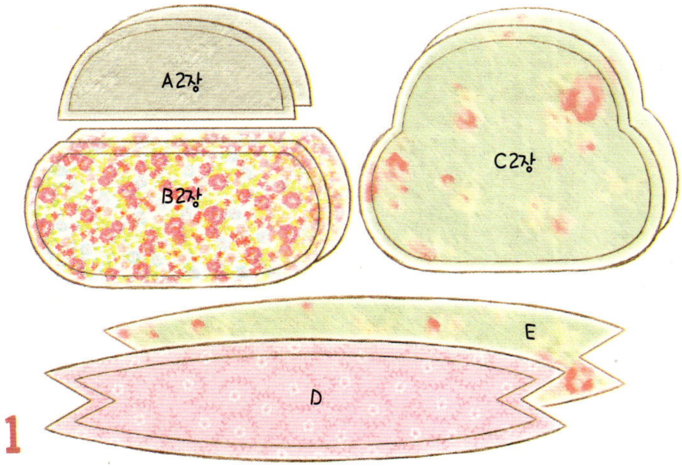

1

원단들을 각각 도안에서 시접 1cm씩 여분을 두어 재단합니다.

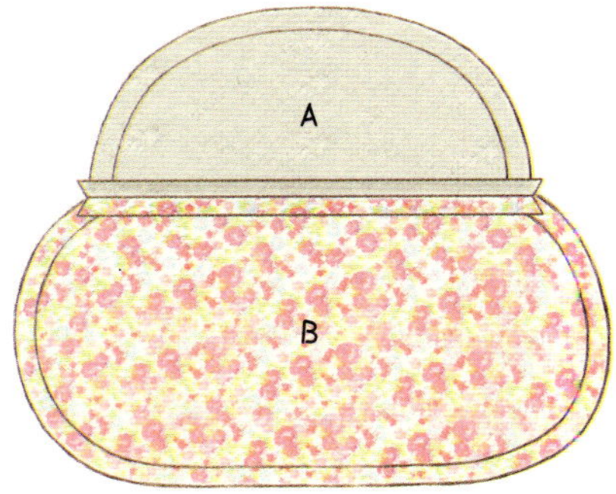

2

A와 B를 겉끼리 맞대어 박음질하고, 시접은 가름솔 해 다림질 해주세요(2장 모두 해주세요).

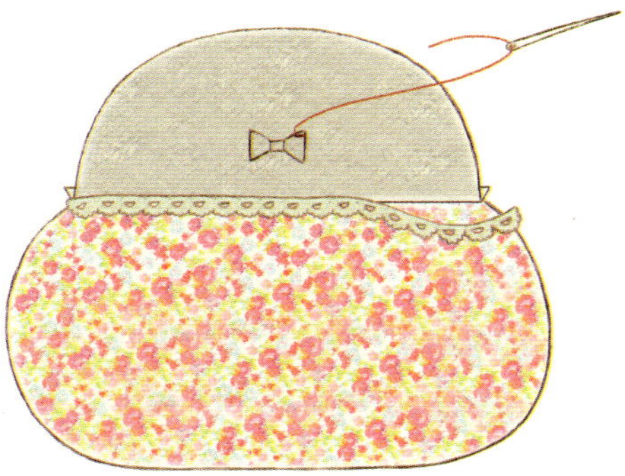

3

A에 십자수 도안을 스케치한 다음, 매치한 원단과 어울리는 색상의 십자수 실로 수를 놓아줍니다.

★ 자수 도안은 63P를 참고하세요.

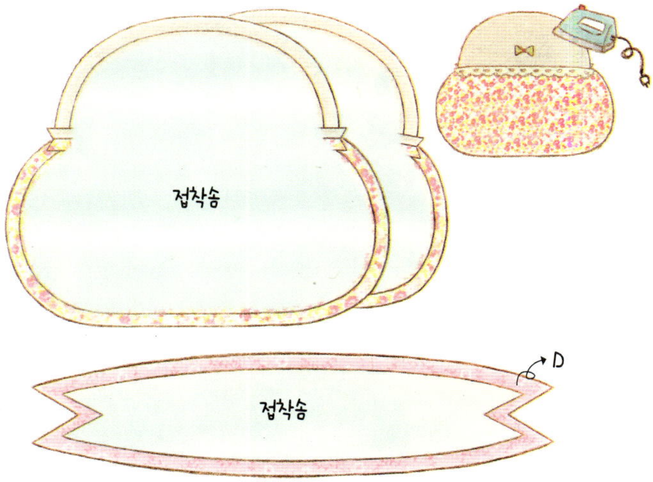

4

만들어 놓은 몸판 겉감의 안쪽에 접착솜의 까칠한 부분을 맞대고 시침핀으로 고정시킨 뒤 원단 위를 다림질해 붙여줍니다(2장 모두 해주세요). D에도 접착솜을 붙여주세요.

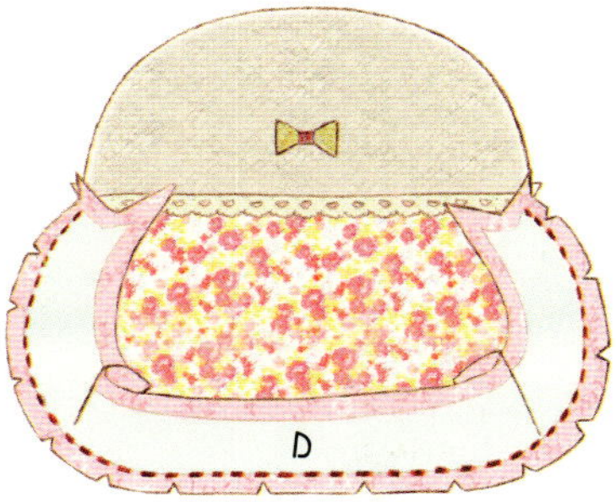

5

D를 몸판 겉감과 겉끼리 마주보게 포갠 후 박음질합니다.

6

남은 몸판 겉감 1장도 5번과 같은 방법으로 D와 겉끼리 마주보게 포갠 후 박음질합니다.

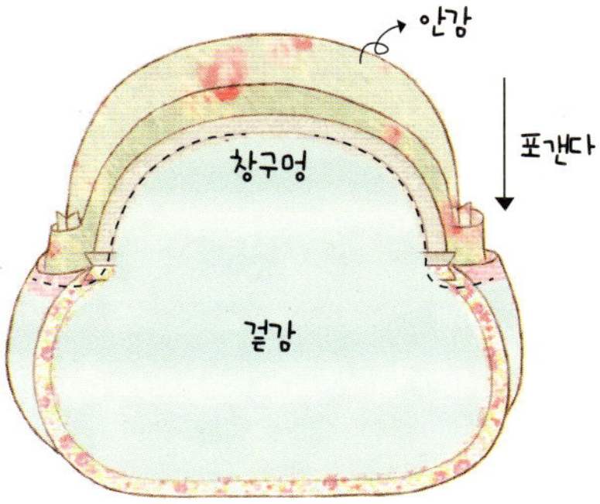

7

안감 역시 겉감과 같은 방법으로 만들어 준 뒤, 겉감과 서로 겉끼리 마주보게 포갠 후 입구에 창구멍을 남기고 박음질합니다.

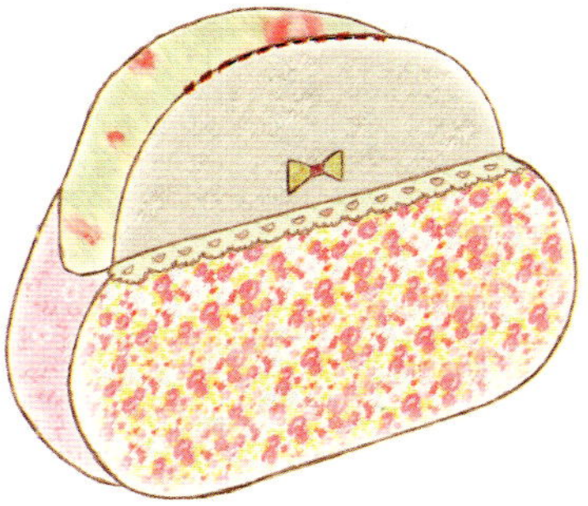

8

창구멍으로 뒤집은 후, 공그르기 해 창구멍을 막아줍니다.

9

프레임은 양쪽 끝과 중앙에 바늘땀으로 고정하고 달아주면 편리합니다. 프레임에 몸판을 끼운 후 프레임 바늘구멍에 홈질합니다. 홈질은 양쪽 끝에서 한 번씩 왕복해 주세요.

10

맞은편 프레임도 9번과 같은 방법으로 몸판과 연결하면 완성!

SEWING ITEM. 05

펜슬 케이스

달콤한 코코아 컬러의 원단과 캐러멜 향이 솔솔 풍길 것 같은 귀여운 도트무늬 원단을 사용하여 펜슬 케이스를 만들어 보았어요. 한 입 베어 물고 싶어지는 초코머핀 같은 펜슬 케이스예요!

ハワイのかわいいデザインたち
Bleu Blanche

도안OK

펜슬 케이스

완성 사이즈 • 21cm×8cm

준비물 • **A** 플라워 패턴 원단 21cm×19cm 1장, **B** 안감용 스트라이프 원단 21cm×19cm 1장, **C** 뚜껑용 도트 원단 21cm×5cm 2장, 레이스 38cm 1개, 2온스 접착솜 21cm×19cm 1장, 21cm×5cm 1장, 자석 스냅단추, 끼움 라벨 1개

난이도 • ★★★★☆

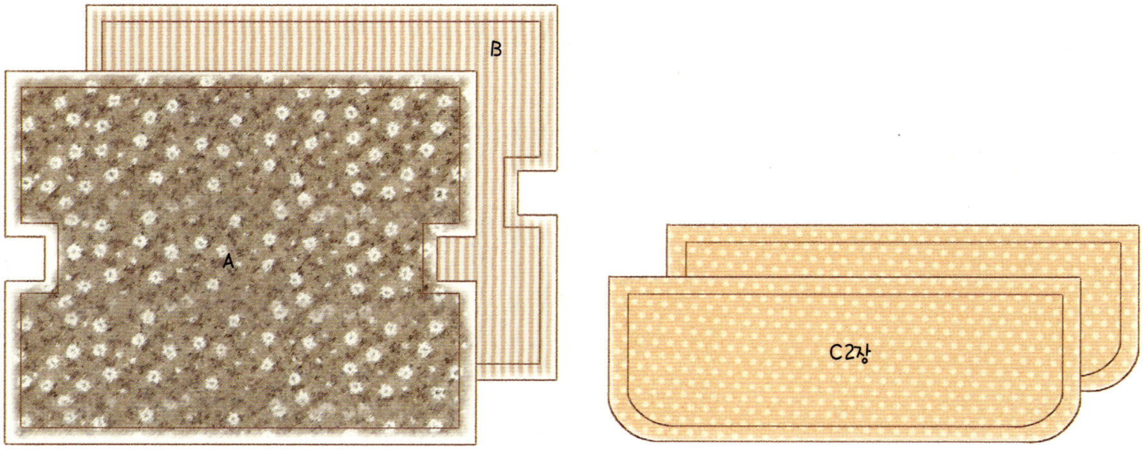

1 원단들을 각각 도안에서 시접 1cm씩 여분을 두어 재단합니다.

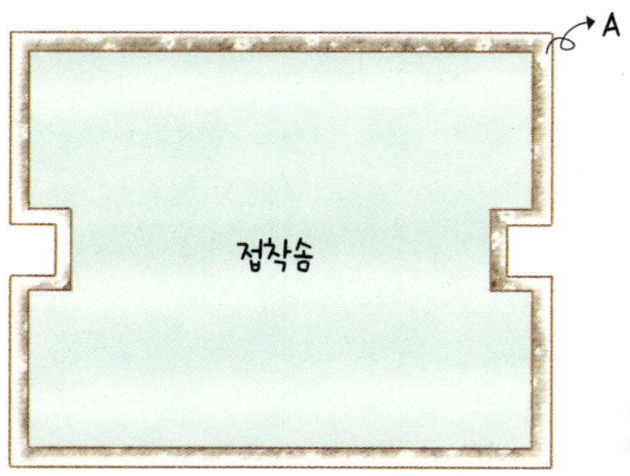

2 A의 안쪽에 접착솜의 까칠한 부분을 맞대고 시침핀으로 고정시킨 뒤 원단 위를 다림질해 붙여줍니다.

3 A의 겉면 오른쪽에 끼움 라벨을 시침핀으로 고정시킨 뒤, A를 반으로 접어 옆선을 박음질합니다.

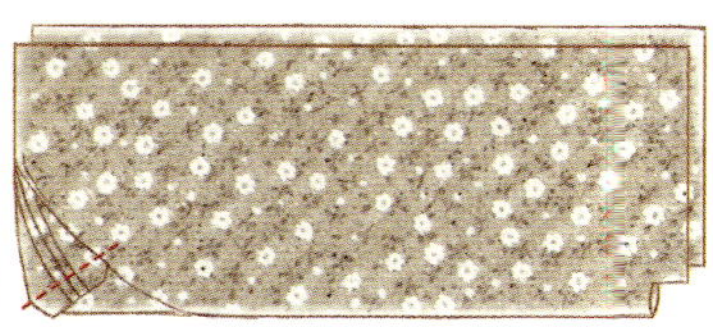

4 박음질한 옆선을 바닥면과 맞추어 완성선을 따라 박음질합니다(안감도 같은 방법으로 만들어 주세요).

5

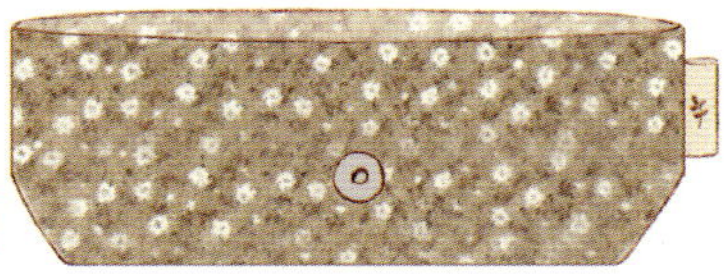

원단을 뒤집은 후, 자석 스냅단추의 한쪽을 가운데에 달아줍니다.

6

재단해 둔 C의 2장 중 겉감이 될 1장에 접착솜을 붙여준 후, C의 겉끼리 맞대어 상단을 제외한 3면을 박음질합니다.

★ 접착솜은 겉감이 되는 쪽에 붙여주는 것이 더욱 예뻐요.

7

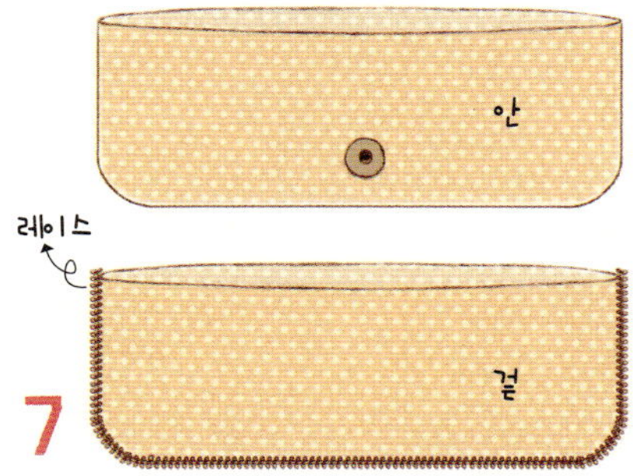

원단을 뒤집은 후, 한쪽 면에는 자석 스냅단추의 남은 한쪽을 달아주고, 다른 한쪽 면에는 테두리에 레이스를 달아줍니다.

8

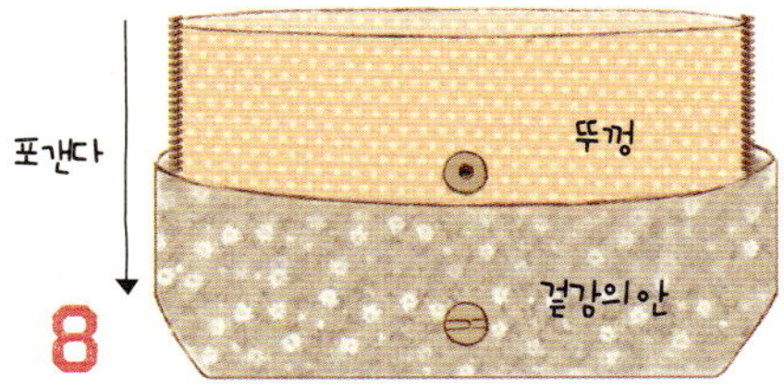

겉감의 안쪽이 바깥으로 보이도록 뒤집은 후, 뚜껑을 그림과 같은 방향으로 넣고 완성선을 맞추어 시침핀으로 고정시킵니다.

9

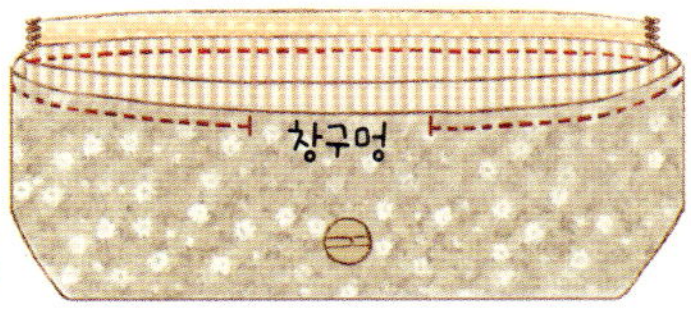

안감의 겉면이 바깥으로 보이도록 뒤집은 후, 겉감과 안감 사이에 뚜껑을 끼워 넣은 상태로 창구멍만 남기고 입구를 돌아가며 박음질합니다.

10

창구멍으로 뒤집은 후, 공그르기 해 창구멍을 막아줍니다.

11

뚜껑이 튼튼하게 고정될 수 있도록 뚜껑과 몸판이 연결된 입구 부분을 가장자리에서 3mm 정도 여유를 두고 돌아가며 상침하면 완성!

SEWING ITEM. 06

패브릭 봉투

선물 포장에도 좋고, 책상 위 자잘한 문구류를 정리해도 좋은 패브릭 봉투를 만들어 볼까요?
저는 여러 개를 만들어 클립이나 이어폰 등 자주 사용하는 물건들과 마스킹 테이프를 보관하고 있어요.
크라프트 원단에 자연스러운 주름을 주어 종이 특유의 느낌을 살리고,
귀여운 양 스탬프를 찍어 빈티지한 느낌을 좀 더 부각해 만들어 보았어요!

패브릭 봉투

완성 사이즈 • 12cm×10cm
준비물 • **A** 크라프트 원단 16cm×32cm 1장, **B** 안감용 원단 16cm×32cm 1장, 스탬프, 잉크
난이도 • ★☆☆☆☆

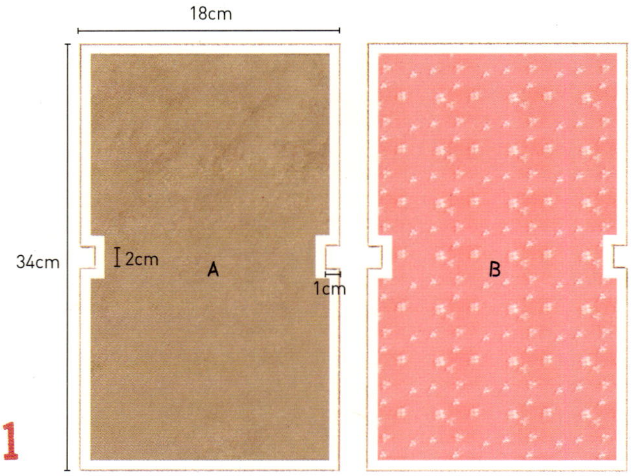

1 원단들을 각각 시접 1cm씩 여분을 두어 재단합니다.

2 A, B 모두 겉면이 마주보도록 반으로 접어 양옆을 박음질합니다.

3 그림을 참고하여 바닥이 생기도록 접은 뒤, 바닥의 양옆을 완성선에 맞춰 박음질합니다(A, B 모두 해주세요).

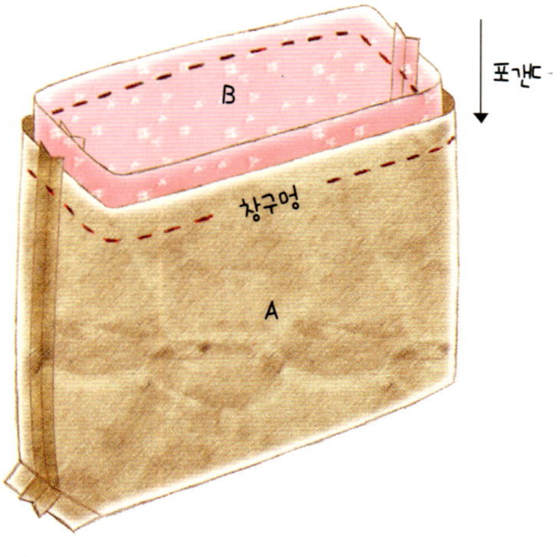

4 A와 B를 겉끼리 마주보게 포갠 후, 창구멍을 남기고 완성선을 따라 직선으로 박음질합니다.

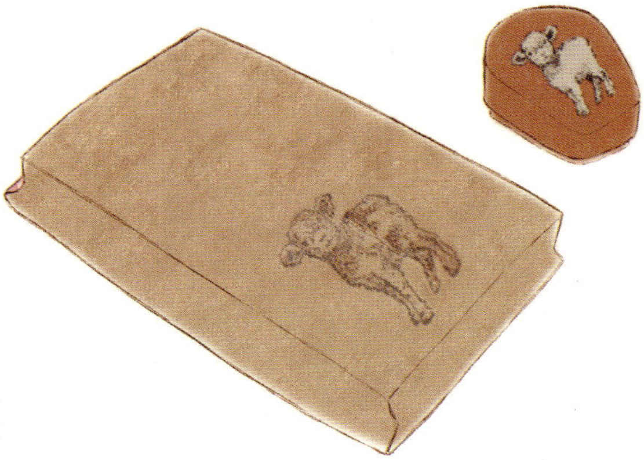

5

창구멍으로 뒤집은 후, 공그르기 해 창구멍을 막고 패브릭 잉크를 사용해 스탬프로 장식합니다.

6

안감이 보이도록 입구 부분을 3cm 정도 바깥으로 접어주면 완성!

SEWING ITEM. 07

노트북 파우치

노랗고 작은 꽃들이 앙증맞게 그려진 빈티지한 블루컬러의 원단으로 노트북에 예쁜 집을 만들어 줄 거예요.
리넨과 크라프트 원단 특유의 내추럴한 느낌과 작은 꽃들이 만나니 테이블 위에 작은 시골 길이 펼쳐진 듯 정겨워요.
바쁘게 돌아가는 일상 속 패브릭으로 만든 소박한 꽃길에서 잠시나마 쉬어가 봅니다.

노트북 파우치

도안OK

완성 사이즈 • 36cm×26cm

준비물 • **A** 리넨 원단 38cm×18cm 1장, **B** 블루 플라워 원단 38cm×33cm 1장, **C** 안감용 원단 38cm×51cm, **D** 뚜껑용 종이 원단 34cm×17 1장, **E** 뚜껑 안감용 원단 34cm×17cm 1장, 레이스 50cm 1개, 2온스 접착솜 38cm×51cm 1장, 34cm×17cm 1장, 라벨 1개, 리본 단추 1개, 스냅 단추 1쌍

난이도 • ★★★★★

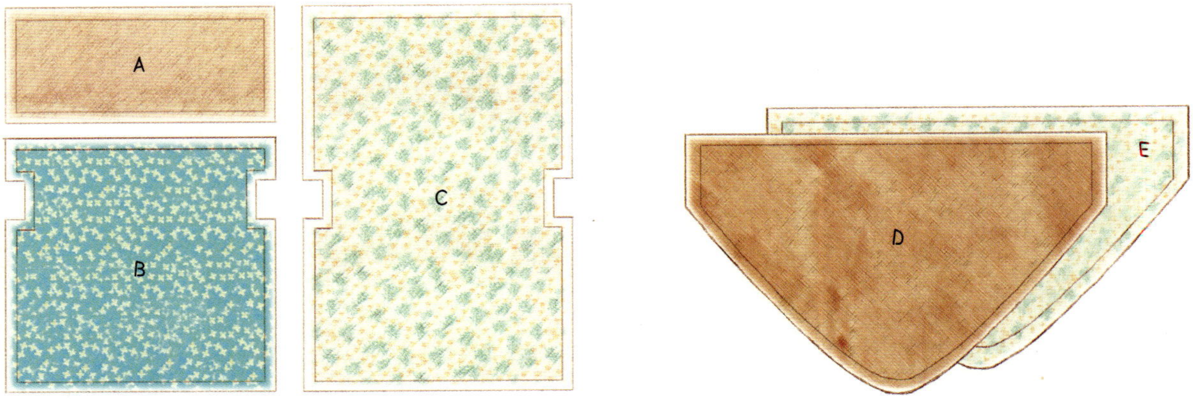

1 원단들을 각각 도안에서 시접 1cm씩 여분을 두어 재단합니다.

★ 크라프트 원단은 물에 불려 부드럽게 만들어 준 후 자연스럽게 주름을 주면 더욱 예뻐요.

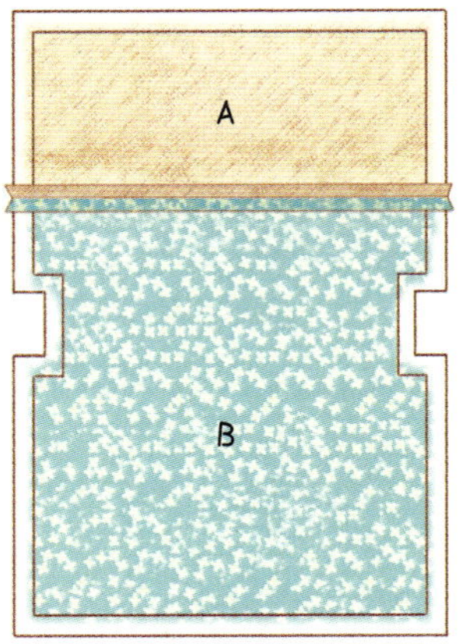

2 A, B를 겉끼리 맞대어 박음질하고, 시접은 가름솔 해 다림질 해주세요.

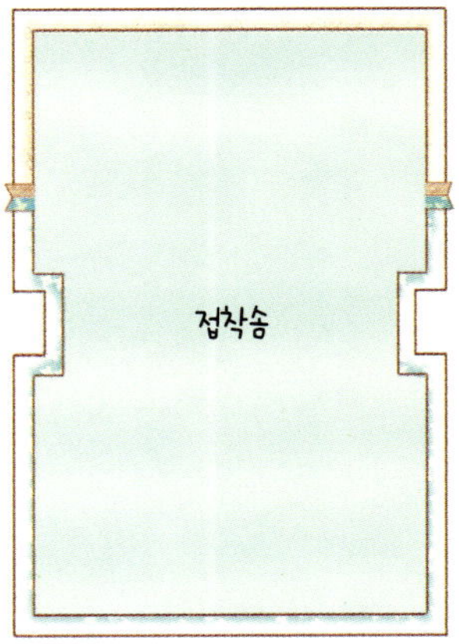

3 겉감의 안쪽에 접착솜의 까칠한 부분을 맞대고 시침핀으로 고정시킨 후 원단 위를 다림질합니다.

4 겉면이 마주보도록 반으로 접어 양옆을 박음질합니다.

5

그림을 참고하여 바닥이 생기도록 접은 뒤, 바닥의 양옆을 완성선에 맞춰 박음질합니다(안감도 같은 방법으로 만들어 주세요).

6

E의 안쪽에 접착솜을 붙여준 후, E의 겉과 재단해 둔 C의 겉이 마주보게 포개어 박음질하면 뚜껑이 완성됩니다.

7

뚜껑을 뒤집고 테두리에 레이스를 달아주고 가운데에 리본 장식을 달아주세요.

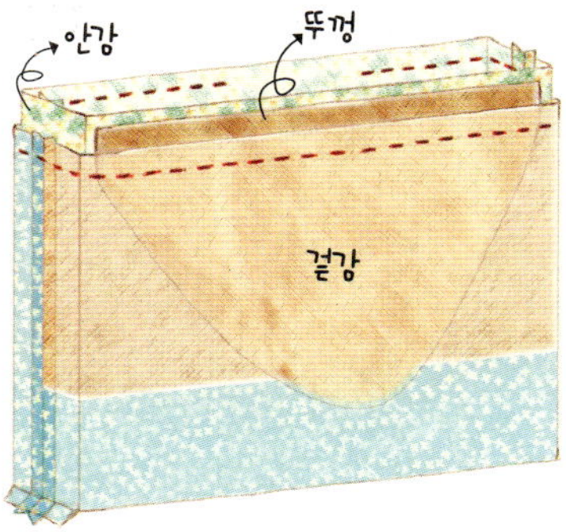

8

안감과 겉감을 서로 겉면이 마주보게 겹친 후, 그 사이에 뚜껑을 시침핀으로 고정시켜둡니다. 창구멍을 남기고 상단을 박음질합니다.

9

창구멍으로 뒤집은 후, 공그르기 해 창구멍을 막아줍니다.

10

뚜껑이 튼튼히 고정될 수 있도록 테두리로부터 3mm 여유를 두고 입구 둘레를 돌아가며 상침하면 완성!

SPECIAL TIP

스티치와 스탬프 활용하기

하얀 면 손수건의 귀퉁이에 빨간색 수실로 새겨 넣은 앤틱한 이니셜, 아기의 조그마한 양말 한쪽에 노란색 수실로 새겨 넣은 뽀송뽀송 귀여운 병아리……. 흔하디흔한 원단 디자인이 지겹다면 스티치와 스탬프를 활용해 나만의 원단을 만들어 보세요. 한 땀 한 땀 정성을 들여 색색의 실로 그림을 그리는 스티치, 다양한 모양의 스탬프로 콩콩 찍어 만드는 나만의 패턴이 가득한 원단! 조금의 수고스러움을 더한다면 원단에 내가 상상하는 모든 것을 따뜻한 감성과 함께 담아낼 수 있답니다.

스티치

준비물 • 원단, 도안, 수틀, 십자수실, 자수용 바늘, 패브릭용 수성펜, 먹지

1

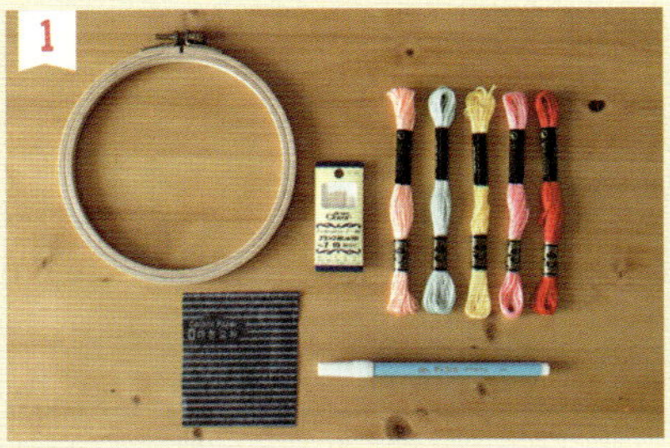

재료를 준비합니다.

2

바늘은 천의 종류와 실의 굵기에 따라 적당한 것으로 선택합니다.

3

수틀에 원단을 끼워서 사용하면 편하게 수를 놓을 수 있습니다.

4

원단 위에 먹지를 올려두고, 그 위에 도안지를 올립니다.

5

펜으로 도안을 따라 밑그림을 그려줍니다.

6

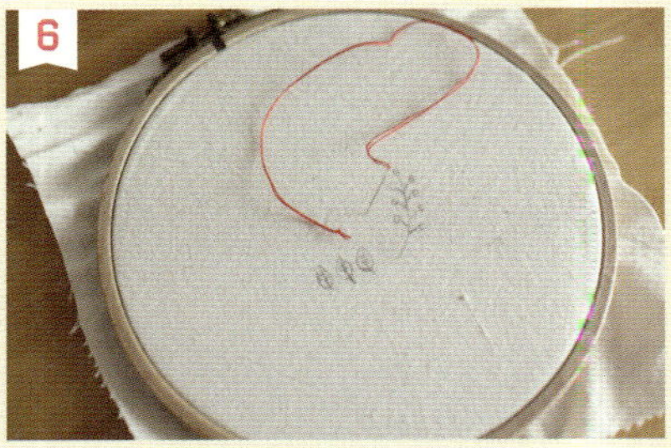

실을 바늘에 끼운 뒤 끝부분에 매듭을 지어줍니다.

7

원단의 뒤에서 앞으로 바늘을 통과시킨 후 그림에 맞는 스티치 기법을 선택해 도안을 따라 한 땀씩 수를 놓아줍니다.

8

수를 다 놓았으면 원단의 뒷부분에서 실을 매듭짓고 수 놓은 부분을 한 번 더 통과시켜 빠져나오는 실이 없도록 정리합니다.

9

완성된 원단을 이용해서 다양한 소품 만들기에 사용할 수 있습니다.

❖ 스티치 기법

많이 사용되는 스티치 기법을 몇 가지만 소개할게요.
스티치는 간단한 방법 몇 가지만 익혀두면 다양하게 응용하여 원단에 나만의 그림을 그릴 수 있답니다.

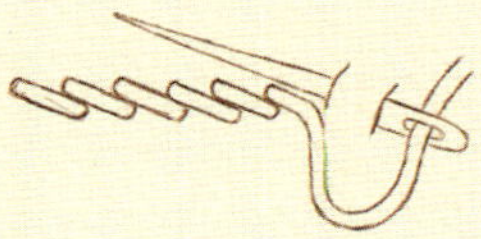

아웃라인 스티치
도안의 테두리, 즉 선을 표현할 때 쓰이는 기법입니다.

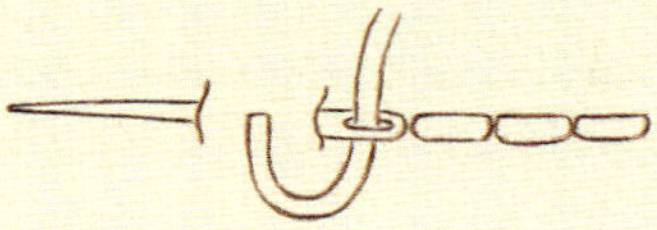

백 스티치(박음질)
아웃라인 스티치와 마찬가지로 선을 표현할 때 사용되는 기법입니다. 아웃라인 스티치보다는 가는 선을 표현할 때 활용하면 좋습니다.

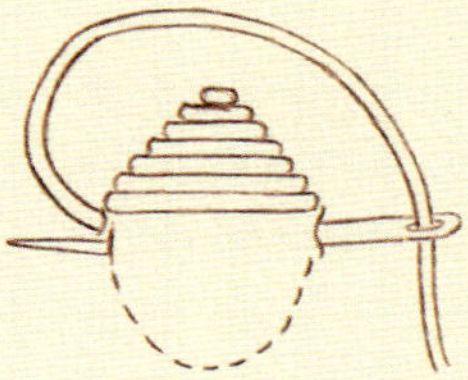

새틴 스티치
실로 면을 채워주는 방식으로, 가장 많이 사용되는 스티치 기법입니다.

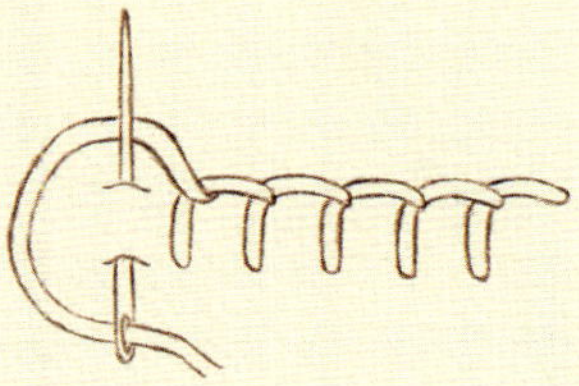

버튼홀 스티치
원단의 이음 부분이나 원단의 테두리 장식을 할 때 사용하면 예쁜 기법입니다.

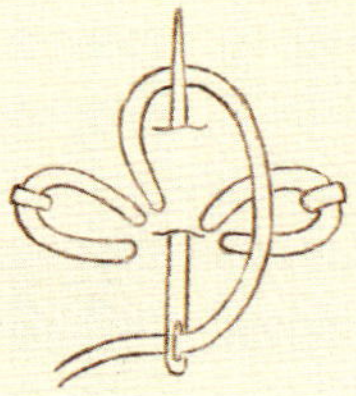

프렌치 너트 스티치
작은 점을 표현할 때 사용되는 기법입니다. 씨앗이나 물방울무늬, 동물이나 사람의 눈을 표현할 때 활용하면 좋습니다.

레이지 데이지 스티치
꽃잎이나 나뭇잎을 표현할 때 사용되는 기법입니다.

스탬프

준비물 • 원단, 도안, 패브릭용 잉크 또는 패브릭용 스탬프 잉크패드, 판 지우개, 커터 칼 또는 조각 칼

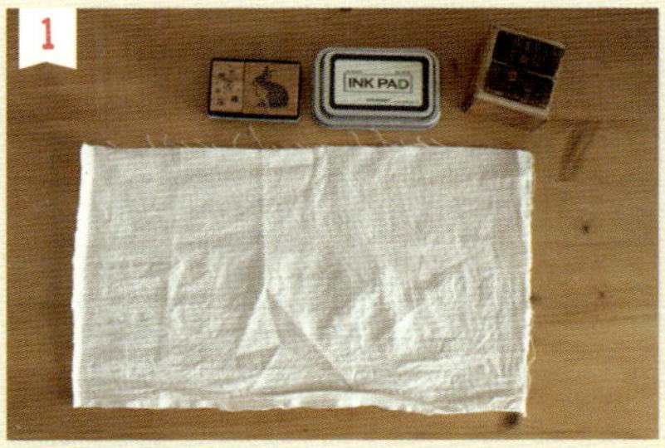

재료를 준비합니다.

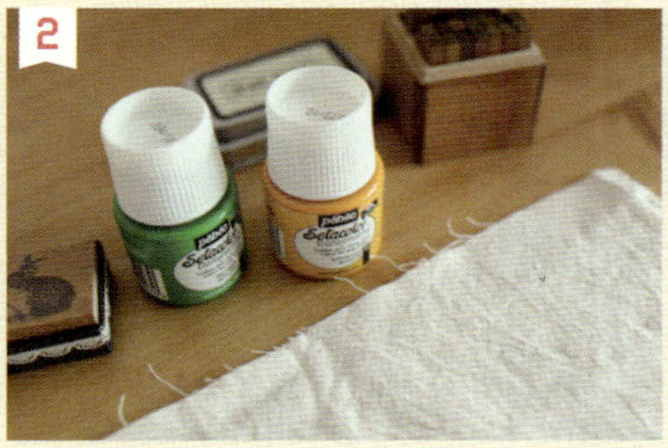

패브릭용 스탬프 잉크패드를 사용해도 좋고, 패브릭 잉크를 붓으로 스탬프에 묻혀 사용해도 좋습니다.

원하는 모양의 스탬프를 패브릭용 잉크에 묻힌 후 천에 찍어줍니다.

잉크가 마르고 난 뒤 바닥에 원단을 깔고 한 번 다려줍니다.

스탬프를 찍은 천을 이용해 다양한 소품 만들기에 활용해 보세요!

❖ 나만의 스탬프 만들기

꼭 스탬프를 구입하지 않아도 좋아요! 고무지우개를 이용해 나만의 스탬프를 직접 만들 수도 있답니다. 어릴 적 미술시간의 판화를 생각하면 쉬워요!

재료를 준비합니다.

트레이싱지를 도안 위에 두고 4B 연필로 따라 그려줍니다.

트레이싱지에 그린 그림을 다시 한 번 연필로 색을 채워줍니다.

판 지우개에 연필심이 묻은 쪽이 닿도록 도안을 찍어줍니다.

지우개에 그려진 도안을 확인합니다. 색이 연한 부분은 연필로 한 번 더 그려줍니다.

도안 크기만큼 지우개를 잘라줍니다.

조각칼을 이용해서 찍힐 부분만 남겨두고 지우개를 파주세요.

지우개 표면을 깨끗하게 닦은 뒤 잉크를 묻혀 찍어주세요.

스탬프가 예쁘게 찍은 원단을 사용해서 다양한 소품을 만들 수 있습니다.

도안

Essay

핸드메이드의 즐거움

따뜻한 오후, 살짝 열어둔 창으로 상쾌한 바람이 불어 들어오고
창가에 둔 안개꽃이 햇빛을 받아 아지랑이처럼 반짝거린다.
서랍장에 가지런히 정리해 넣어둔 내가 좋아하는 패브릭들을 테이블 위에 펼쳐놓고
이리저리 짝을 맞춰본다.

특별히 뭔가를 만들지 않아도, 그저 보는 것만으로도 즐거워
한참 동안 고운 색감들을 들여다보며 무엇을 만들지 마음속으로 그려본다.

손으로 만드는 것은 뭐든지 좋아하지만,
특히 알록달록 예쁜 색이 가득한 패브릭에 대한 애정은 더욱 깊다.

색을 더하고 빼서 만들어 내는 고운 색의 조합은 언제나 기분을 좋게 만들어 준다.
한때는 꿈이었던 일을 지금은 소소한 취미로 즐기고 있지만, 그것도 나쁘지 않다.
어쩌면 더 나은 것일지도-

일이 되어버린 것보다 취미로 남은 것이
오히려 지금까지 바느질을 즐겁게 느낄 수 있게 해주는 것일지도 모르겠다.

Essay

소소한 일상의 풍경

뽀얀 커튼 사이로 아침 햇살이 깊숙이 들어오는 토요일의 늦은 아침. (아니 오후려나!)
밤늦게까지 좋아하는 일본 영화를 두어 편 보다가 늦잠을 잤다.
부스스한 머리를 한 채, 반쯤 감긴 눈으로 커피 물을 올린다.

한때는 스케줄이 없는 혼자인 주말이 두려워
의무적으로 소모적인 만남을 갖고,
그것이 즐거움이라고 여기던 시기가 있었다.

커피가 내려지는 동안 약간의 시리얼로 배를 채우고,
아무런 계획이 없는 토요일의 늦은 아침, 한껏 게으름을 피워 본다.

향긋한 커피 향이 코끝에 기분 좋게 스쳐온다.
얼마 전에 만들어둔 빵을 냉동실에서 꺼내 오븐에서 따끈 말랑하게 데운 뒤
작은 접시에 담아 탁자 위에 올려둔다.
베이킹에 재미를 붙인 동생 덕분에 옆에서 곁눈질로 덩달아 만들어 보고 있는 요즘이다.
어설픈 솜씨인지라 훌륭한 맛은 아니지만, 그럭저럭 괜찮은 듯하다.

아끼는 머그잔에 커피를 가득 담고
날씨에 어울리는 음악을 선곡해 틀어둔 뒤, 가만히 소파에 앉아 커피를 홀짝인다.
맛있는 아침밥을 기다리다 마른 사료에 시큰둥해진 홍이도 나란히 옆에.

이따가 집 근처 꽃집에 들러 안개꽃을 한 다발 사올 예정이다.
날씨가 풀린 후로 꽃 생각이 간절해져
며칠째 생각해 두었던 꽃집 나들이였지만, 오늘에서야 실행에 옮긴다.
이제는 이렇게 소소한 일상이 주는 평온함이 좋다.

Strawberry &
Blueberry

Organic Classic Rich Crackers
CRACKERS
CLASSIC RICH
NET WT 6 OZ

CHAPTER 3

달콤한 테이블을 위한 키친웨어

SEWING ITEM. 08

테이블 매트

테이블 매트만큼 식탁 위의 분위기를 특별하게 만들어 주는 아이템도 없는 것 같아요.
가볍게 차리는 한 끼 식사부터 손님을 초대한 격식 있는 식사까지,
자리에 어울리는 테이블 매트를 직접 만들어 나만의 센스를 발휘해 보세요!

테이블 매트

완성 사이즈 • 45cm×34cm

준비물 • **A** 브라운 격자 패턴 원단 8cm x 34cm 1장, **B** 리넨 원단 37cm x 34cm 1장, **C** 뒤판용 리넨 원단 45cm x 34cm 1장, **D** 브라운 격자 패턴 원단 10cm x 36cm 1장, **E** 브라운 원단 10cm x 24cm 1장, **F** 뒤판용 리넨 원단 10cm x 24cm 1장, 2온스 접착솜 45cm x 34cm 1장, 10cm x 24cm 1장

난이도 • ★☆☆☆☆

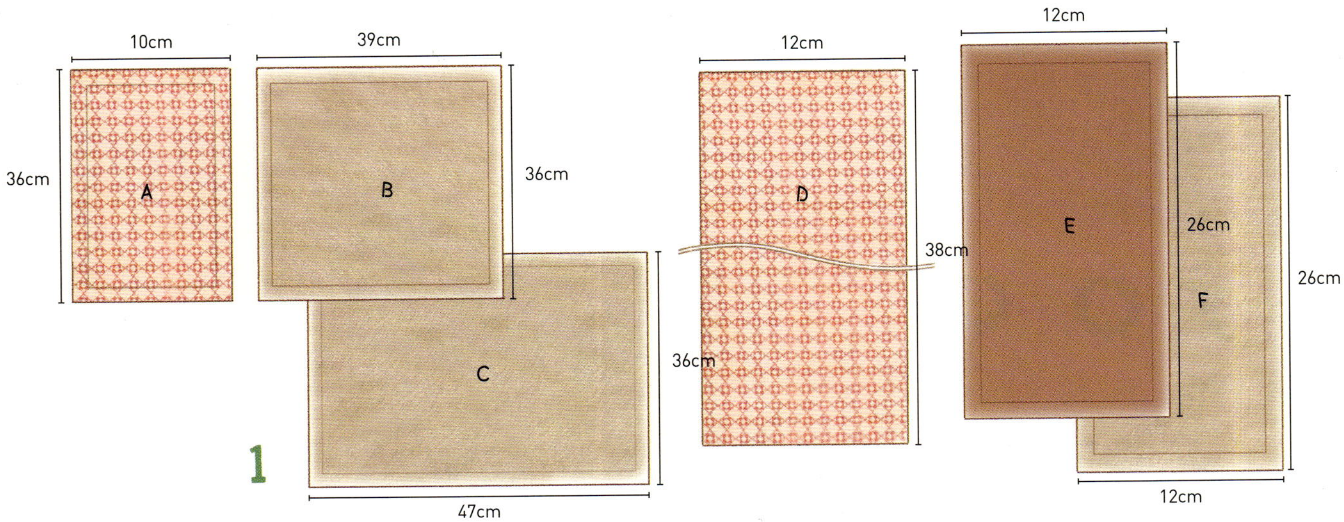

1 원단들을 각각 시접 1cm씩 여분을 두어 재단합니다.

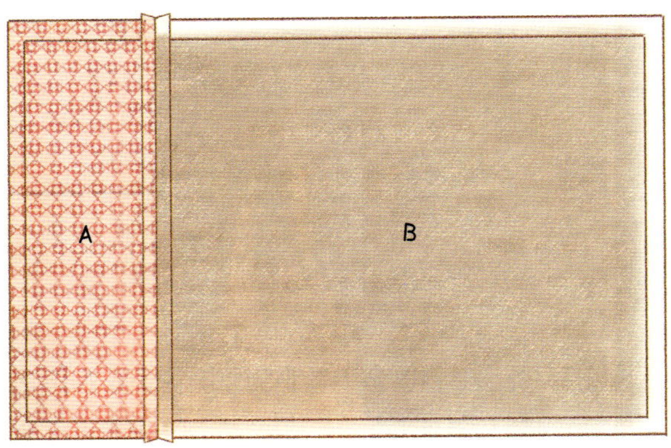

2 A, B원단을 겉끼리 맞대어 박음질하고, 시접은 가름솔 해 앞판을 완성합니다.

3 완성된 앞판 뒷면에 접착솜을 시침핀으로 고정시킨 후 원단의 위를 다림질해 붙여줍니다.

4

앞판과 C를 겉끼리 마주보게 포갠 후, 창구멍을 남기고 테두리 전체를 박음질합니다.

5

창구멍으로 뒤집은 후 공그르기 해 창구멍을 막아주고, 테두리에서 3mm 정도 여유를 두어 상침합니다.

6

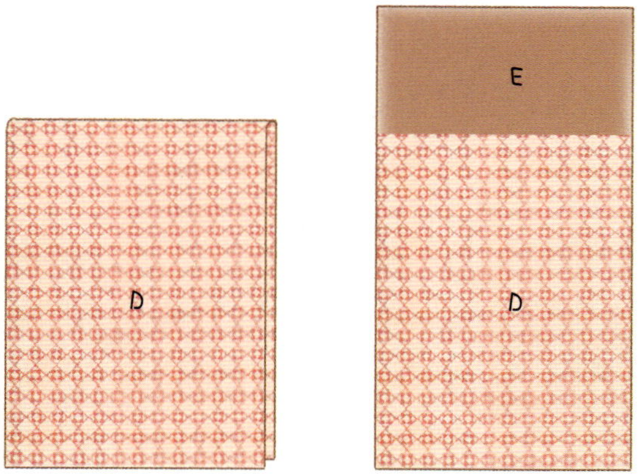

D를 반으로 접어 E의 겉면 위에 올려두고, 시침핀으로 고정해둡니다. E의 뒷면에 접착솜을 붙여주세요.

7

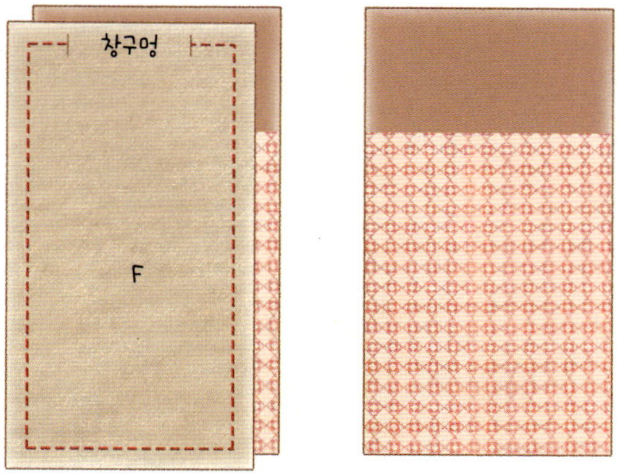

E와 F를 겉끼리 마주보게 포갠 후, 창구멍을 남기고 박음질합니다. 창구멍으로 뒤집은 후 공그르기 해 창구멍을 막고, 사방을 돌아가며 상침하면 완성!

SEWING ITEM. 09

커트러리 케이스

하나둘씩 늘어나는 커트러리들을 깨끗하고 예쁘게 보관해 볼까요?
리넨과 어울리는 컬러의 패브릭을 골라 드르륵 뚝딱! 완성해 봅니다.
하나씩 제자리에 쏙쏙 넣고는 돌돌 말아 질끈 묶어 서랍 속에 넣어두면 참 든든해요.

커트러리 케이스

완성 사이즈 • 42cm×38cm (접었을 때 8cm×24cm)
준비물 • **A**브라운 플라워 원단 42cm×50cm 1장, **B**리넨 원단 42cm×50cm 1장, **C**브라운 플라워 원단 2cm×50 1장
난이도 • ★★☆☆☆

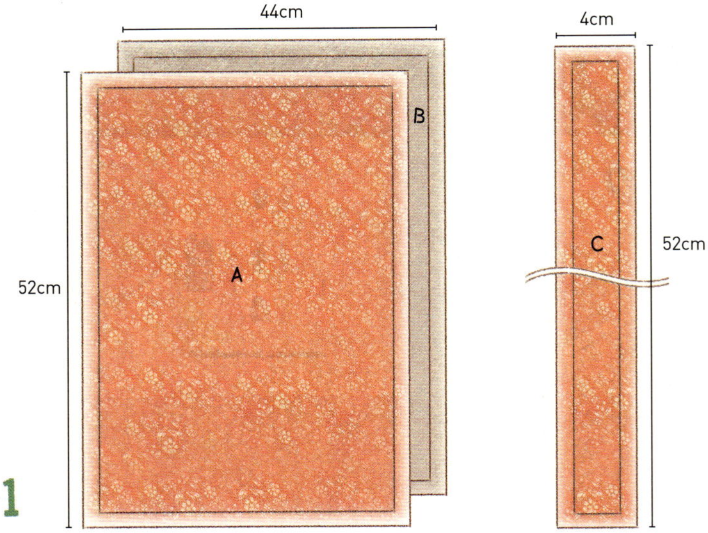

1
그림을 참고하여 원단들을 각각 시접 1cm씩 여분을 두어 재단합니다.

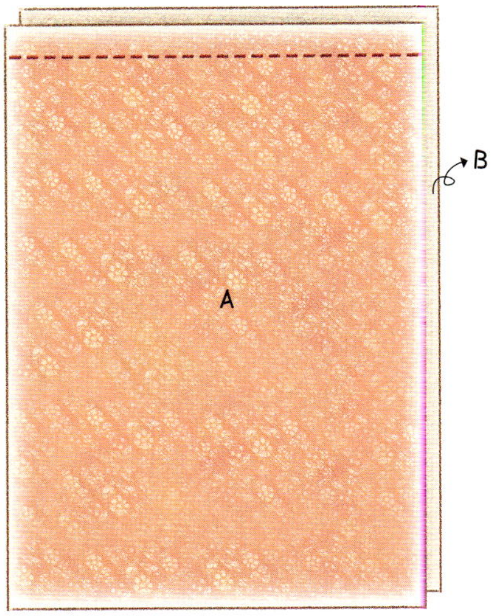

2
A와 B를 겉끼리 마주보게 포갠 후, 짧은 쪽 면을 박음질해 이어줍니다(이때 박음질하는 쪽이 아랫면이 됩니다).

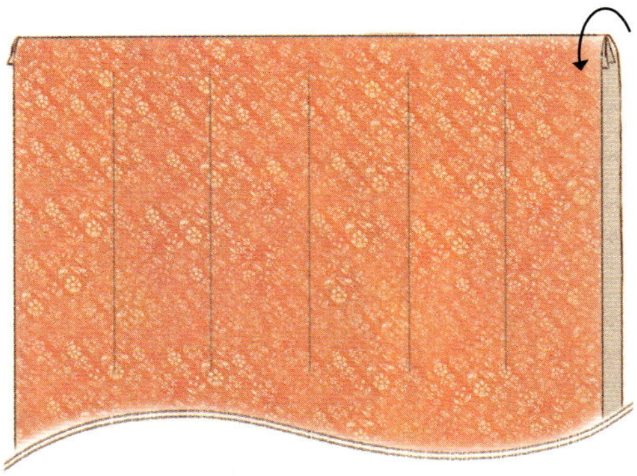

3
A와 B의 겉면이 바깥으로 보이도록 뒤집은 후, 바느질선이 깔끔해지도록 다림질합니다.

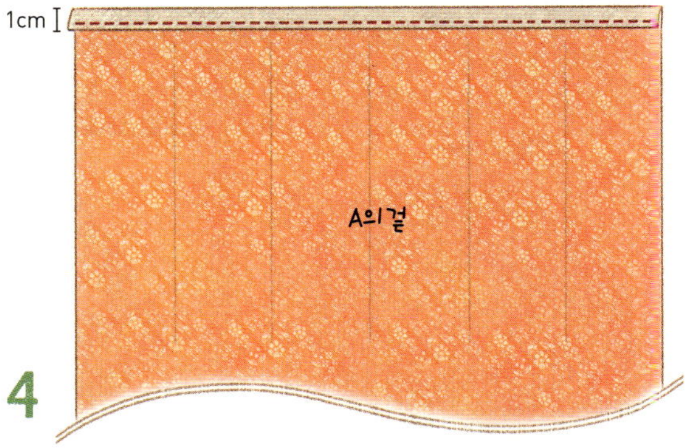

4
바느질 선에 맞춰 B를 A쪽으로 1cm 정도 접어 다림질로 고정시킨 후 박음질합니다.

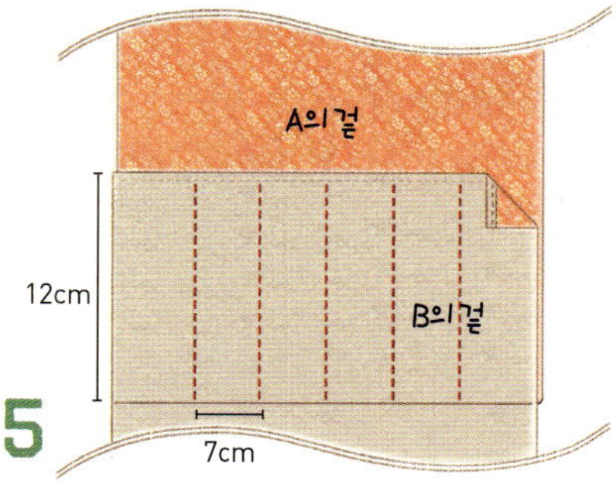

5

A와 B가 겉면이 위로 보이도록 펼쳐진 상태에서 박음질한 아랫단을 A의 겉쪽으로 12cm 정도 접어 시침핀으로 고정해둡니다. 그리고 7cm 간격으로 박음질해 칸칸이 주머니를 만들어 줍니다. 이때 A는 12cm 접힌 상태로, B는 펼쳐진 상태로 박음질합니다.

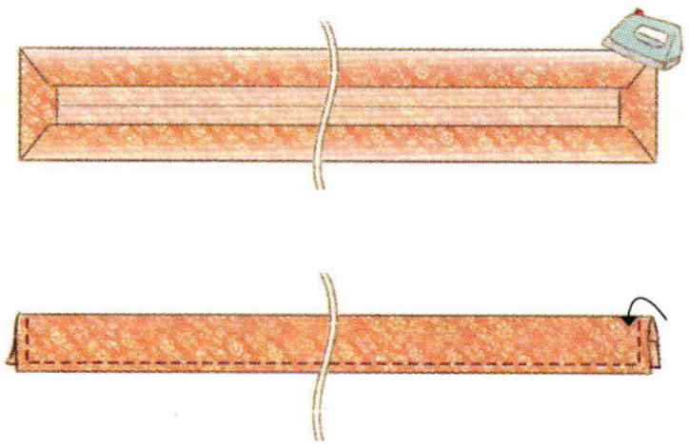

6

C는 사방 시접을 안쪽으로 접어 다림질하고, 다시 반으로 접어 다림질한 후, 테두리에서 3mm 정도 여유를 두고 박음질해 끈을 완성합니다.

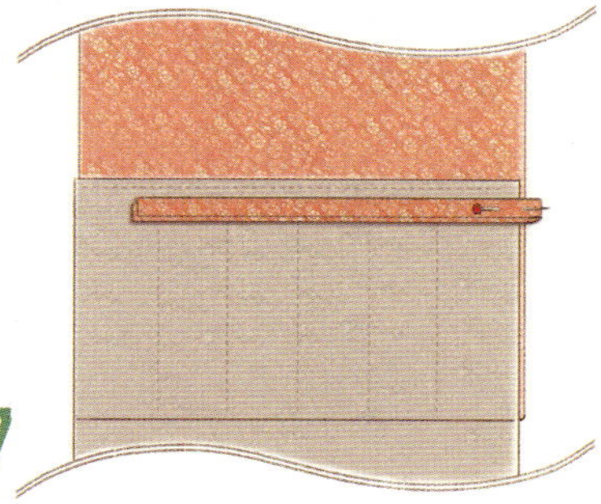

7

끈은 반으로 접어 주머니 상단에서 1cm 아래에 시침핀으로 고정해둡니다.

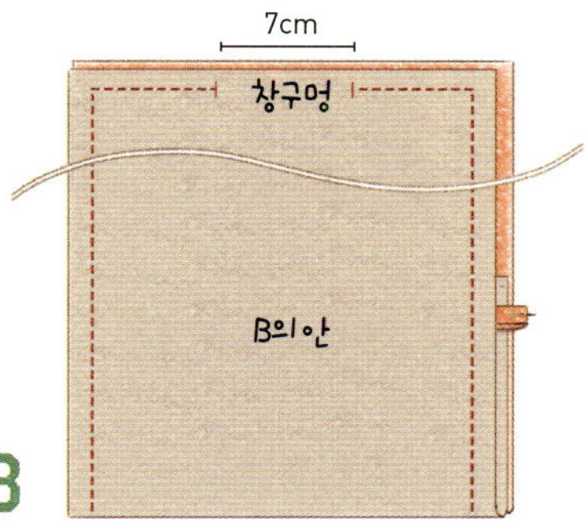

8

주머니와 고정시킨 끈 위로 B의 안쪽이 위로 보이도록 접고, 상단에 창구멍을 남기고 하단을 제외한 나머지 3면을 완성선에 맞춰 박음질합니다.

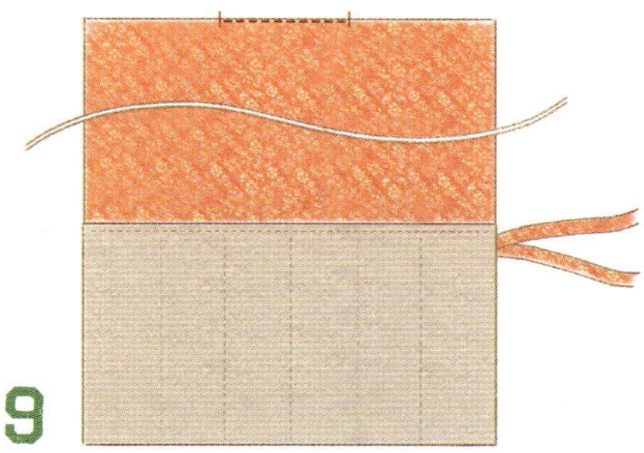

9

창구멍을 통해 뒤집은 뒤, 창구멍은 공그르기 해 막아줍니다.

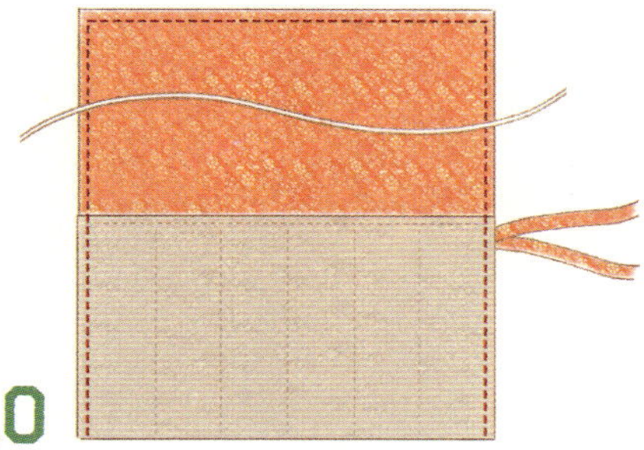

10

하단을 제외한 나머지 3면의 가장자리에 3mm 정도 여유를 두고 상침하면 완성!

★ 상침은 안감과 겉감을 튼튼하게 잡아주어 뒤틀림과 겉도는 것을 방지할 뿐 아니라 장식적인 효과가 있어 완성도를 높여준답니다.

SEWING ITEM. 10

오븐 장갑

귀여운 사과 모양의 오븐 장갑을 만들어 볼까요?
상큼한 사과가 귀여운 속을 숨기고 있어 주방 한편에 걸어두기만 해도
꽤 훌륭한 인테리어 포인트가 되어줄 거예요!

도안OK

오븐장갑

완성 사이즈 • 18cm×17cm

준비물 • **A** 화이트 플라워 원단 18cm×14cm 1장, **B** 광목 원단 18cm×14cm 1장, **C** 덮개용 레드 체리 원단 7cm×14cm 2장, **D** 덮개 안감용 광목 원단 7cm×14cm 2장, 7온스 접착솜 18cm ×14cm 1장, 레드 바이어스 테이프 60cm 2줄, 브라운 면 테이프 12cm, 면 레이스 14cm 2개

난이도 • ★★★☆☆

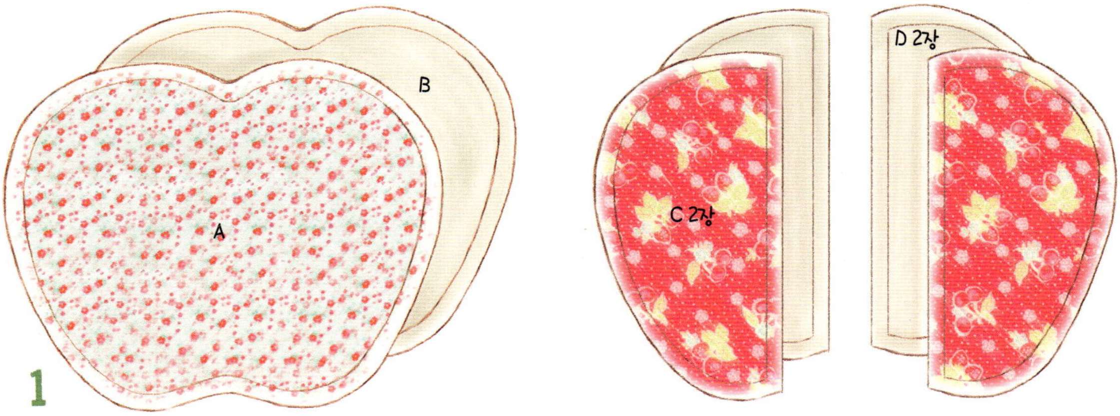

1

원단들을 각각 도안에서 1cm씩 여분을 두어 재단합니다.

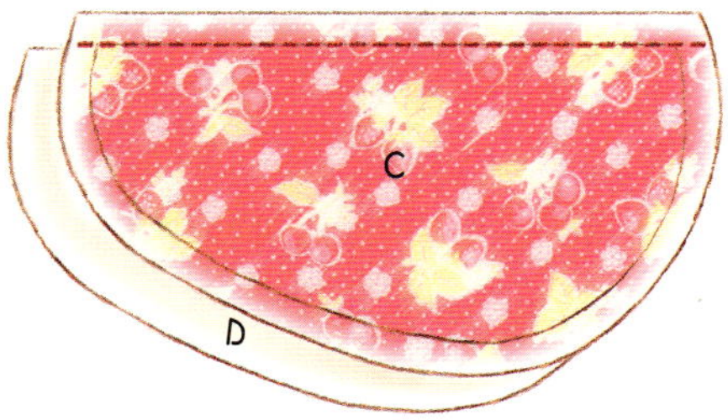

2

덮개가 될 C, D 원단을 겉끼리 마주보게 포갠 후, 상단의 직선 부분만 박음질합니다.

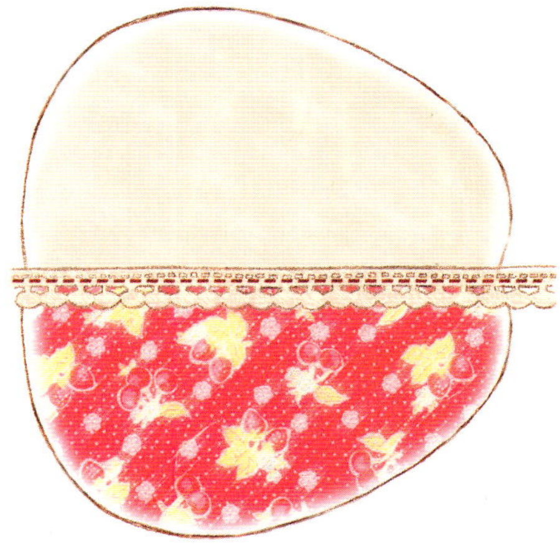

3

두 원단이 겹치지 않게 펼치고 시접을 가름솔한 후, 이음선에 레이스를 달아주면 덮개가 완성됩니다(남은 C, D 원단 역시 같은 방법으로 만들어 줍니다).

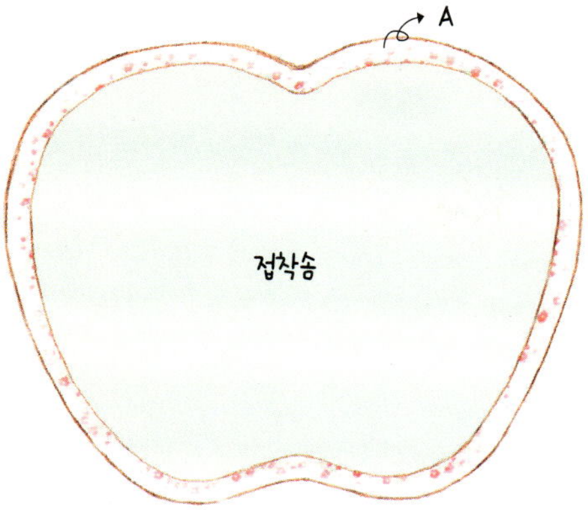

4

A의 안쪽과 접착솜의 까칠한 부분을 맞대고 시침핀으로 고정시킨 후 원단 위를 다림질해 붙여줍니다.

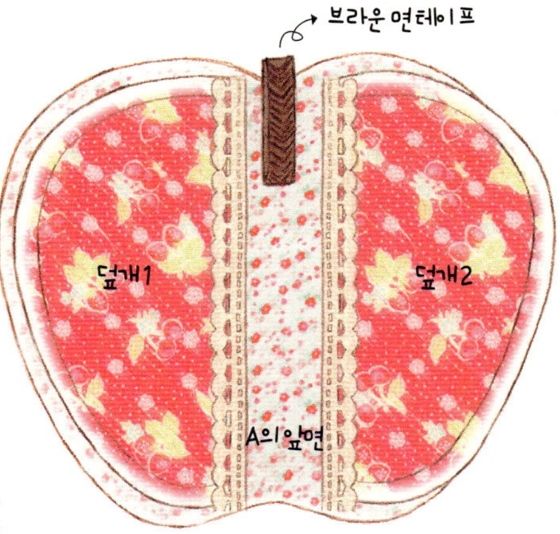

5

그림을 참고하여 A의 겉에 만들어 놓은 덮개 두 개와 사과 꼭지가 될 면 테이프를 반을 접어 올린 후 시침핀으로 고정해둡니다.

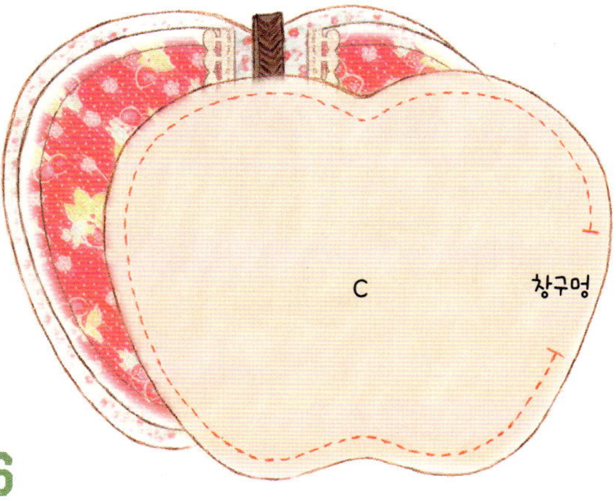

6

그 위에 C를 겉끼리 마주보게 포갠 후, 창구멍을 남기고 박음질합니다.

7

창구멍으로 뒤집은 후, 공그르기 해 창구멍을 막아줍니다.

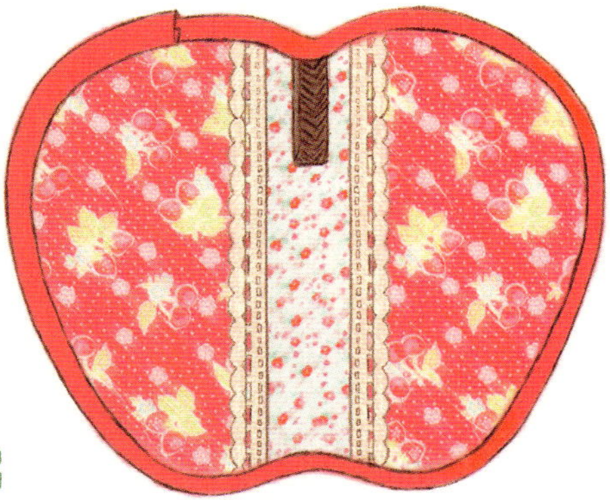

8

사과 꼭지 면 테이프를 몸판쪽으로 접은 후 그림을 참고하여 테두리를 바이어스 테이프로 감아 박음질합니다. 마지막으로 안감쪽 광목 원단에 패브릭 펜이나 잉크를 사용해 사과 씨를 예쁘게 그려주면 완성!

SEWING ITEM. 11

냄비 받침

시중에는 다양하고 실용적인 냄비 받침들이 참 많아요.
하지만 특별한 테이블 세팅이 필요한 날에는 어쩐지 조금 부족한 느낌이 들죠.
이럴 때 역시 핸드메이드가 빛을 발해요.
내 스타일의 원단을 사용해 드르륵 뚝딱! 만들어 음식과 함께 세팅한다면
뻔하지 않은, 좀 더 멋진 식사 시간이 될 거예요.

냄비받침

완성 사이즈 • 17cm×17cm

준비물 • **A** 레드 플라워 원단 17cm×17cm 1장, **B** 리넨 원단 17cm×17cm 1장, 7온스 접착솜 17cm×17cm 2장, 자수 면 테이프 17cm 1개

난이도 • ★☆☆☆☆

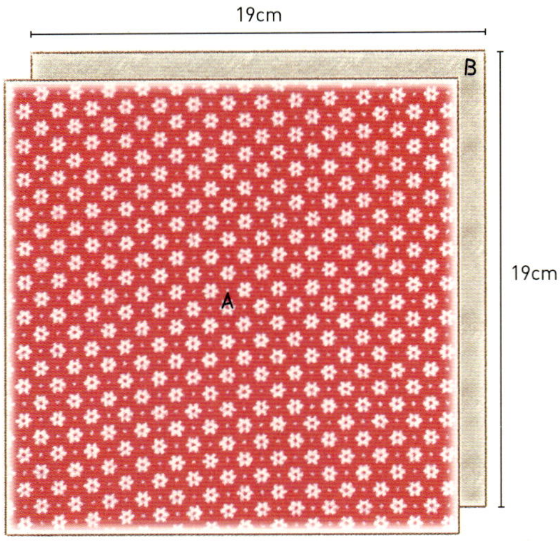

1

A, B 원단을 각각 시접 1cm씩 여분을 두어 재단합니다.

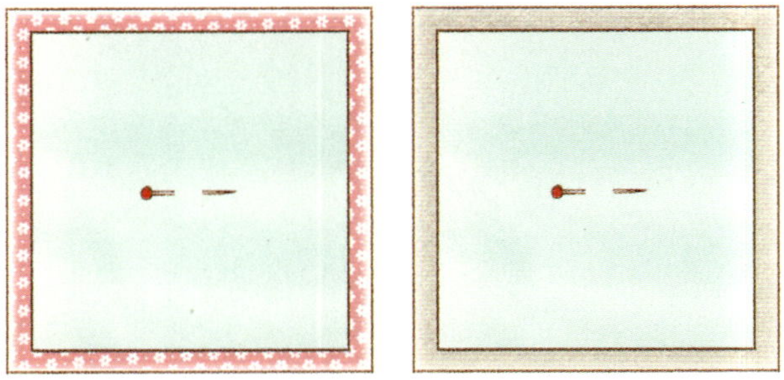

2

A와 B의 안쪽에 접착솜의 까칠한 부분을 맞대고 시침핀으로 고정시킨 뒤 원단 위를 다림질해 붙여줍니다.

3

자수 면 테이프를 반을 접어 접착솜을 붙인 A의 겉면 한쪽에 놓고 시침핀으로 고정시켜둡니다.

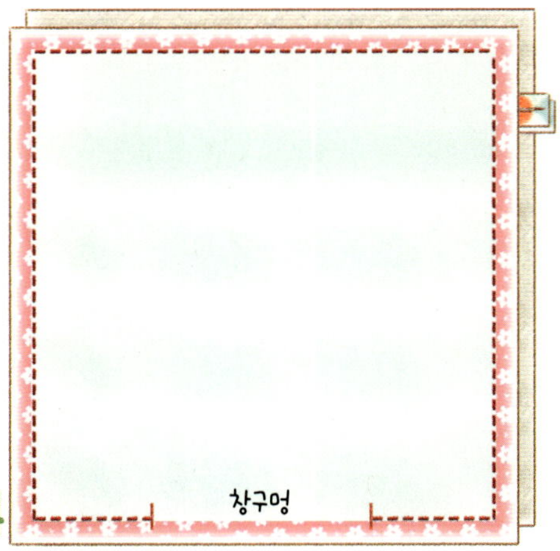

4

A와 B를 겉끼리 마주보게 포갠 후, 창구멍을 남기고 박음질합니다.

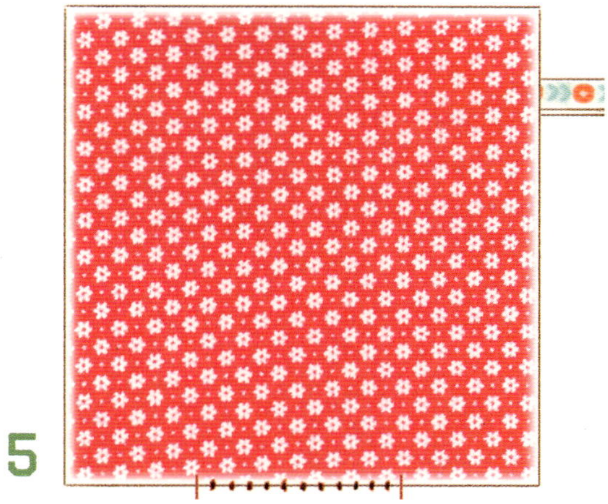

창구멍으로 뒤집은 후, 공그르기 해 창구멍을 막아줍니다.

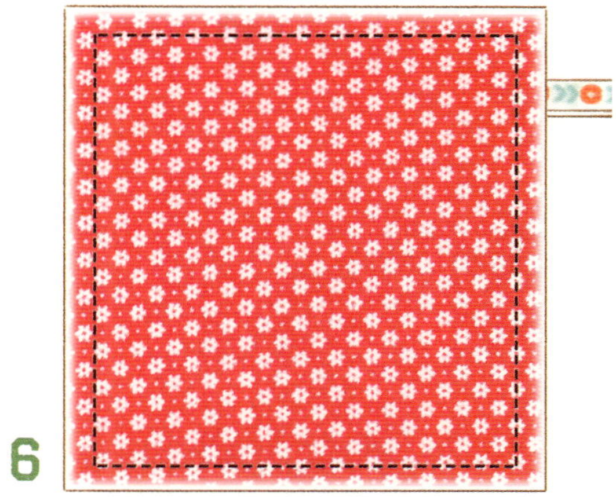

테두리에서 1cm 정도 여유를 두어 상침하면 완성!

SEWING ITEM. 12

앞치마

뽀득뽀득 채소들을 깨끗이 씻어 한쪽에 담아둡니다.
전골냄비엔 보글보글 찌개가 끓고 있어요.
사랑하는 사람들을 생각하며 요리를 하는 순간은 언제나 즐거워요.
작은 꽃무늬가 가득한 크림색 원단과 귀여운 레이스로 만든 사랑스러운 앞치마가
그 시간을 더욱 즐겁게 만들어 줄 거예요!

IMPORTADORES
Strawberry &
Blueberry

도안OK

앞치마

완성 사이즈 • 50cm×42cm

준비물 • **A** 아이보리 플라워 원단 47cm×41cm 1장, **B** 화이트 원단 23cm×23cm 1장,
C 아이보리 플라워 원단 150cm×8cm 1장, 주름 레이스 100cm 1개

난이도 • ★★★★☆

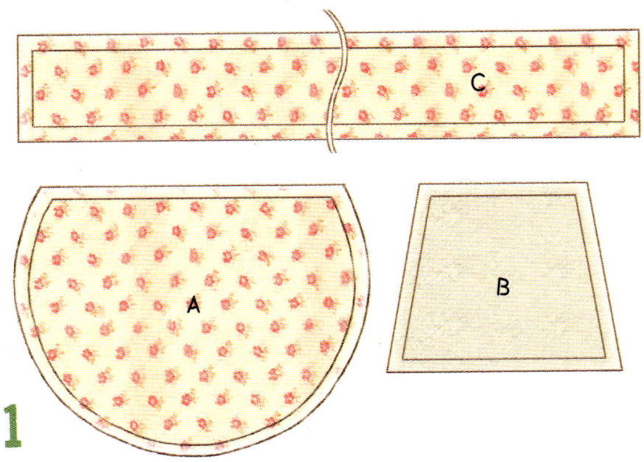

1

원단들을 각각 도안에서 시접 1cm씩 여분을 두어 재단합니다.

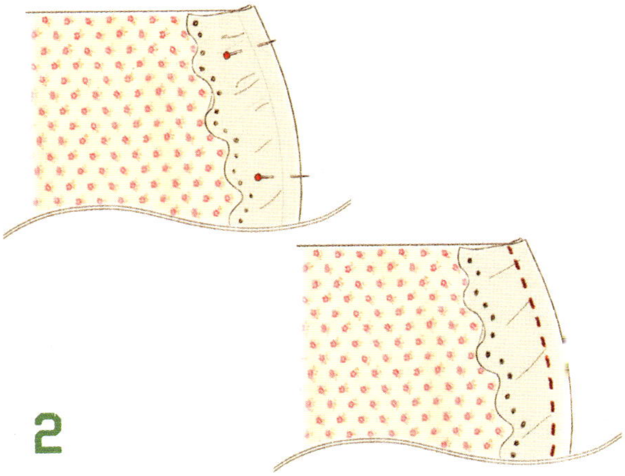

2

A의 둥근 테두리 부분에 돌아가며 주름 레이스를 달아주고, A와 프릴의 시접을 한꺼번에 오버로크 처리합니다.

★ 오버로크가 불가능할 경우, 손바느질로 휘감치기 해주세요. (26p 참고)

3

오버로크 처리한 시접이 안쪽으로 향하도록 다림질해 고정해 둡니다.

4

A의 겉이 위로 향하도록 놓고 둥근 테두리 부분을 돌아가며 상침합니다.

★ 이때 뒷면의 시접도 함께 상침합니다.

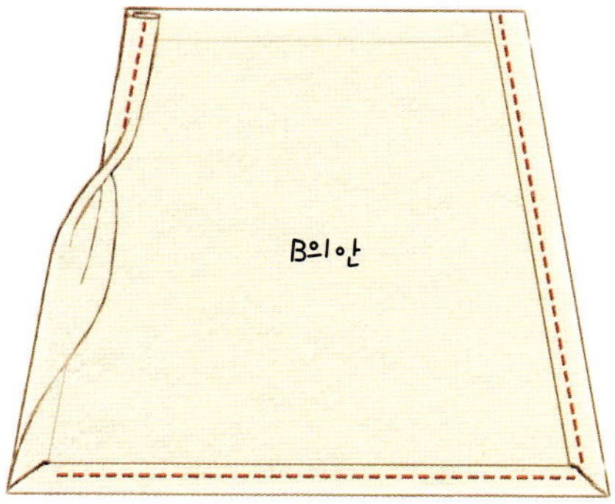

5

재단해 둔 B의 상단을 제외한 나머지 3면을 0.5cm씩 두 번 접어 박음질합니다.

★ 재봉틀 사용 시 말아박기 노루발을 이용하면 편리합니다.

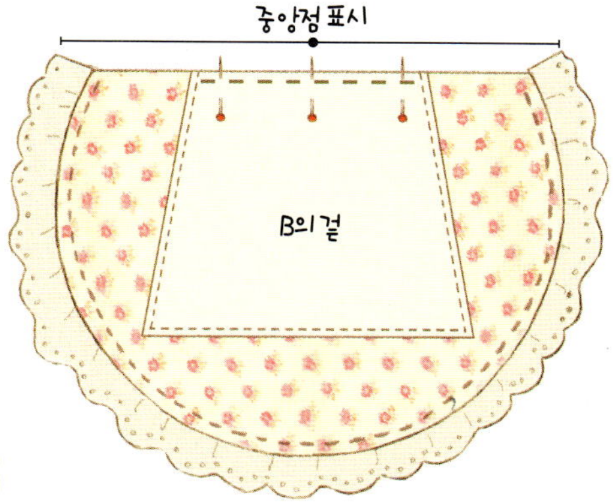

6

A의 겉면 중앙에 B의 겉이 위로 보이도록 올려 시침핀으로 고정시킨 후 상단을 시침질해 몸판을 완성합니다. 이때 상단의 가로 중앙 지점을 체크해 주세요.

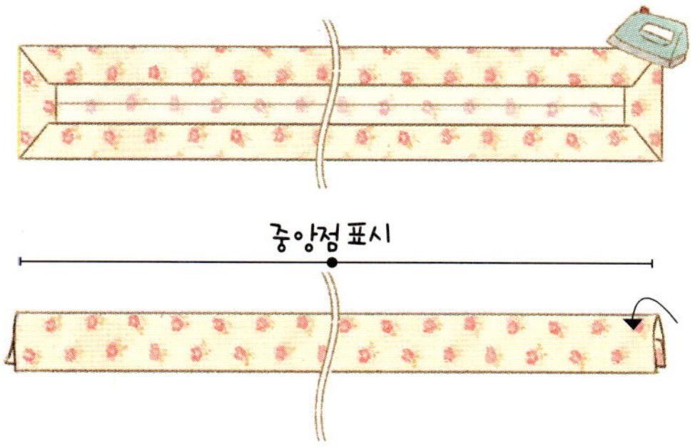

7

재단해 둔 C는 사방 시접을 안쪽으로 접어 다림질하고, 다시 반으로 접어 다림질합니다. 이때 가로 중앙 지점을 체크해 주세요.

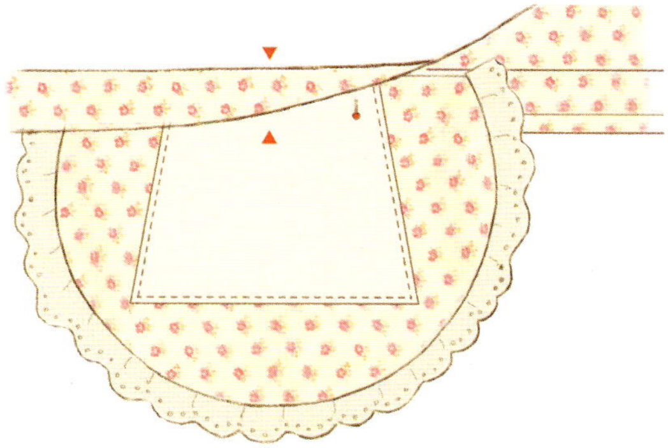

8

각각 표시해 둔 중앙점에 맞춰 반으로 접은 C 사이에 몸판을 끼우고 시침핀으로 고정합니다.

9

C의 3면을 테두리에서 3mm 정도 여유를 두어 박음질하면 완성!

Organic Classic Rich Crackers
CRACKERS
CLASSIC RICH
NET WT 6 OZ
Original Crackers

SEWING ITEM. 13

비닐봉지 주머니

쓰레기봉지나 검은 비닐봉지 등은 서랍 속에 넣어두기엔
은근히 부피도 많이 차지하고 예쁘게 보관하기도 까다롭지요.
비닐봉지 전용 주머니를 만들어 차곡차곡 정리해 넣어두면,
사용하기도 편리하고 주방 한편에 작은 인테리어 효과도 줄 수 있어 일석이조랍니다!

비닐봉지 주머니

완성 사이즈 • 14cm×24cm

준비물 • **A** 광목 원단 14cm x 14cm 1장, **B** 레드 체크 원단 14cm x 10cm 1장, **C** 뒤판용 레드 체크 원단 14cm x 24cm 1장, **D** 옆판용 레드 체크 원단 10cm x 24cm 2장, **E** 안감 뒤판용 광목 원단 14cm x 24cm 2장, **F** 안감 옆판용 광목 원단 10cm x 24cm 2장, **G** 뚜껑용 커트지 원단 14cm x 24cm 1장, **H** 뚜껑 안감용 광목 원단 14cm x 24cm 1장, **I** 바닥용 레드 체크 원단 14cm x 10cm 2장, 2온스 접착솜 14cm x 24cm 2장, 10cm x 24cm 2장, 14cm x 5cm 2장, 핑크 스웨이드 끈 50cm 1개, 페이퍼 스트로우 14cm 1개, 면 테이프 1cm x 4cm 2개

난이도 • ★★★★★

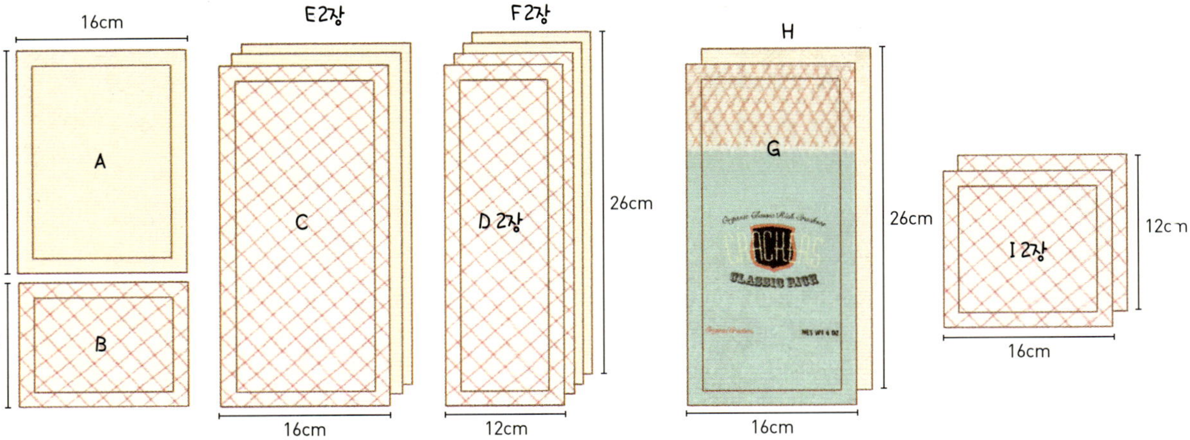

1

원단들을 각각 시접 1cm씩 여분을 두어 재단합니다.

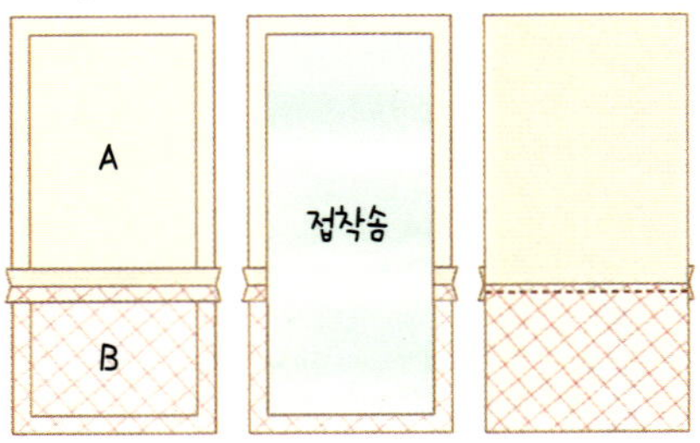

2

A와 B를 겉끼리 맞대어 박음질한 후 시접을 가름솔합니다. 안쪽에는 접착솜을 붙여준 후 겉면의 B 위쪽으로 상침해 주세요.

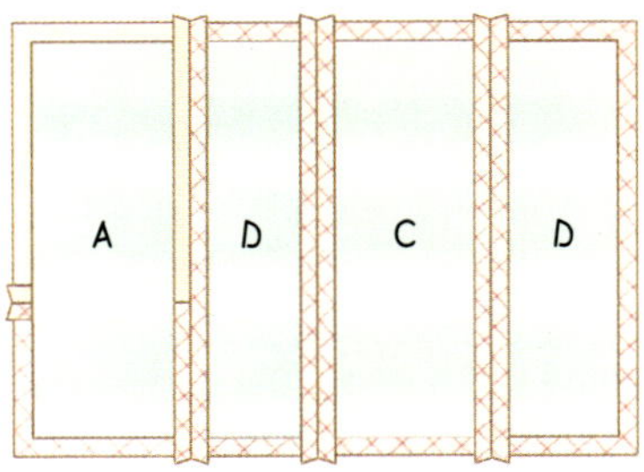

3

C와 D의 안쪽에 접착솜을 붙여준 후 A와 함께 겉끼리 맞대어 순서대로 박음질합니다. 순서는 그림을 참고하세요.

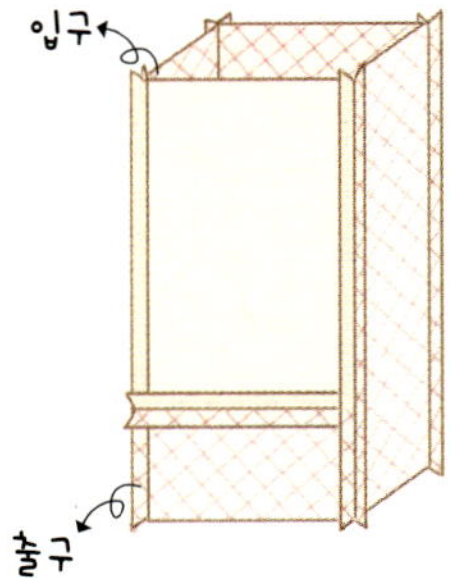

4

옆선끼리 모두 박음질하면 그림처럼 원통 모양이 됩니다. 안감이 될 E와 F도 3번과 같은 방법으로 만들어 주세요.

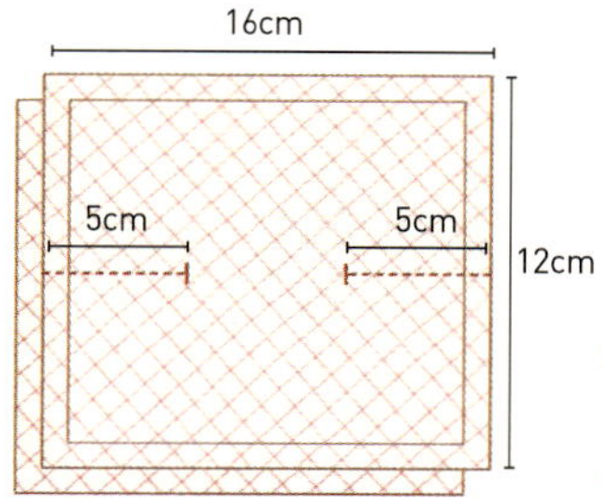

5

비닐봉지가 빠져나올 출구가 될 바닥을 만들 차례입니다. I 2장을 겉끼리 마주보게 겹친 뒤, 그림처럼 양쪽 끝에서 5cm씩 박음질합니다.

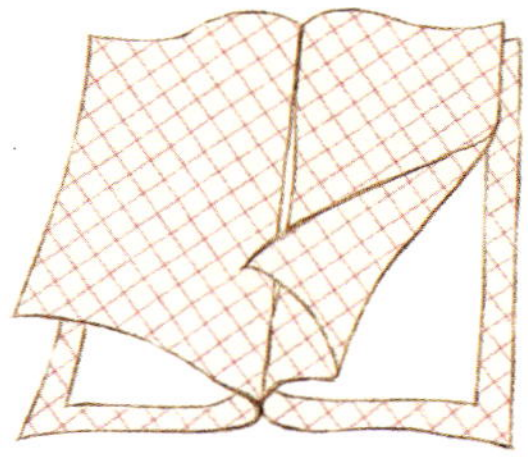

6

바느질선을 중심으로 가름솔하면, 그림과 같이 중앙만 뚫린 형태가 됩니다. 원단의 안쪽면 사이에 접착솜을 넣고 다림질합니다(양쪽에 하나씩 두 장 모두 넣어주세요).

7

겉면의 박음질한 부분에 상침하면 바닥면이 완성됩니다.

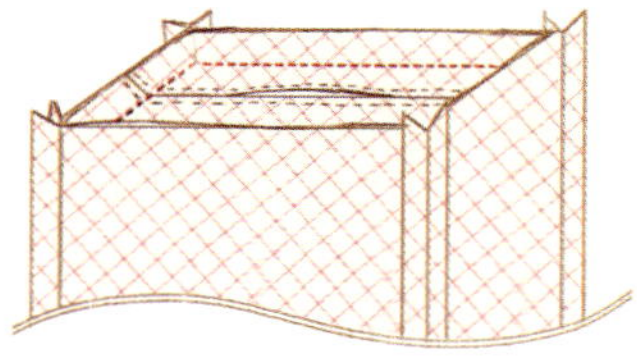

8

몸통의 겉감 아래쪽에 바닥면을 시침핀으로 고정시키고 사방의 둘레를 박음질합니다.

9

뚜껑이 될 G와 H는 겉끼리 마주보게 포개고 상단을 제외한 나머지 3면을 박음질합니다.

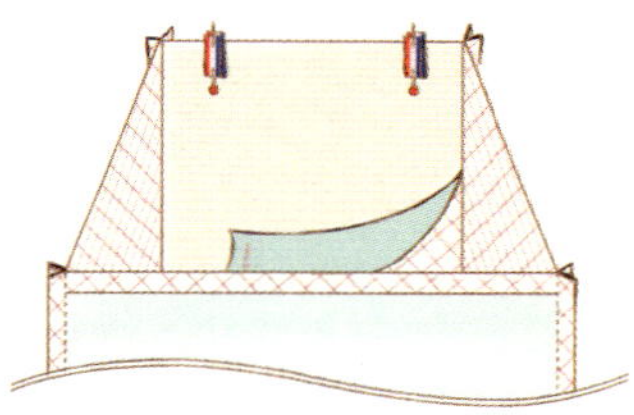

10

몸통 상단에 뚜껑이 겉끼리 마주보게 포갠 후 시침핀으로 고정합니다. 이때 뚜껑의 안감 위로 면 테이프를 반으로 접어 고리를 만들고 시침핀으로 함께 고정해 둡니다.

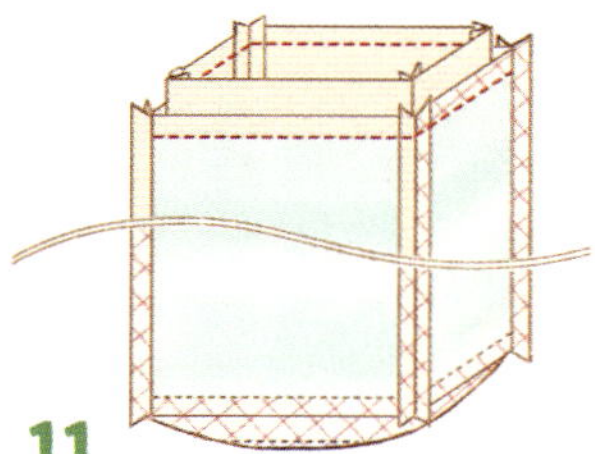

11

뚜껑과 고리를 고정시킨 위로 몸통 안감의 겉면이 마주보게 포개고 사방의 둘레를 돌아가며 박음질합니다.

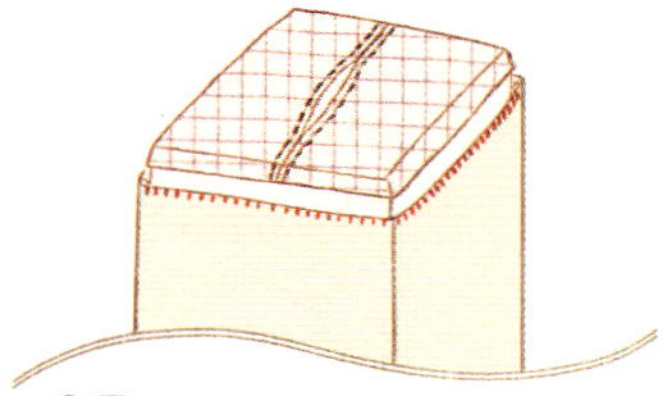

12

안감이 바깥으로 보이도록 뒤집어 시접을 안쪽으로 접어 넣은 후 바닥면과 공그르기로 이어줍니다.

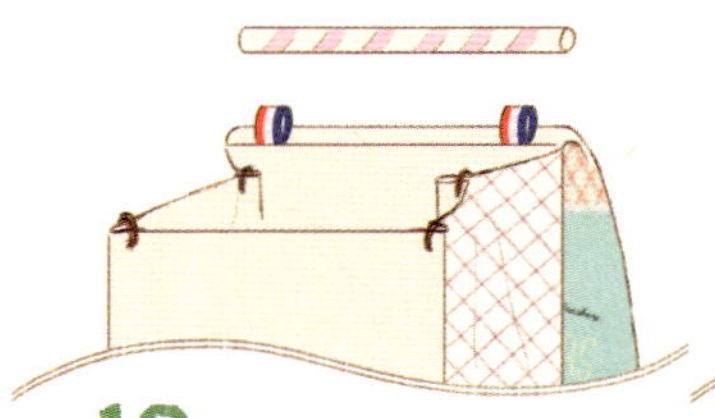

13

겉감이 바깥으로 보이도록 뒤집어 면 테이프 고리에 페이퍼 스트로우를 끼워 넣습니다.

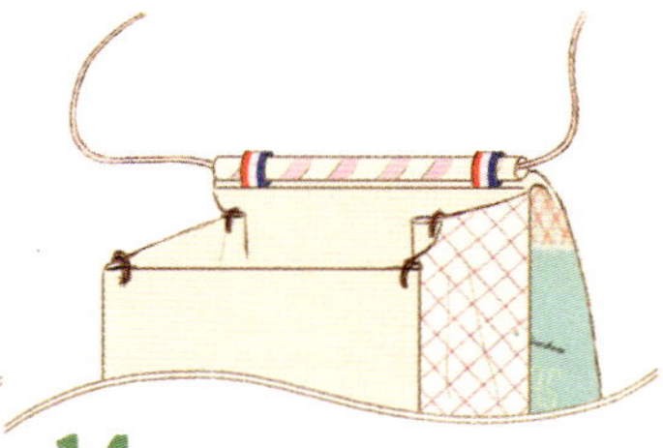

14

페이퍼 스트로우 사이로 스웨이드 끈을 통과시켜 매듭지으면 완성입니다.

★ 페이퍼 스트로우가 지지대 역할을 해주어 벽에 걸어 두었을 때 모양이 흐트러지지 않아요.

Essay

바람이 불어오는......

냉장고 속에 먹을 것이 똑 떨어졌다.

주섬주섬 옷을 챙겨 입고 나갈 채비를 하는데

외출을 눈치 챈 강아지 홍이가 바짓가랑이를 물고 현관까지 졸졸 따라나선다.

혼자 있기를 싫어하는 홍이의 간절한 눈빛을 피해

신발장 옆에 걸어놓은 가방을 챙겨 밖으로 나간다.

홍이 안녕!

언니 금방 다녀올게!

혼자 살면서 장을 보는 일은 즐거운 일이기도 하면서
동시에 굉장히 귀찮은 일이기도 하다.
내가 사용할 물건들을 구입하고,
나만의 냉장고를 가득가득 채워 넣는 재미는 꽤 큰 편이다.
하지만 이렇게 갑자기 냉장고가 텅텅 비어있을 때는,
먹을 것이 언제나 가득한 엄마의 냉장고가 그리워지곤 한다.

우리 집은 언덕 위에 위치한 아파트라 큰 슈퍼마켓까지 가려면
한참이나 걸어 내려가야 한다.
집 앞 작은 구멍가게에서 간단히 라면과 우유만 사오려 했지만,
걷기 좋은 봄 날씨가 언덕 아래 큰 슈퍼마켓으로 발길을 이끈다.

터덜터덜 한적한 공원길을 돌며 따뜻한 봄볕과 함께 걷다보니,
이대로 어디론가 떠나고 싶은 생각이 불쑥 든다.

대충 걸친 트레이닝복과 야구모자가 후회스럽다.

집 근처에 강둑을 따라 자전거 코스가 잘 만들어진 후로
자전거를 타는 사람들이 무척이나 많이 보인다.
부드럽고 상쾌한 5월의 봄바람을 가르며 조팝나무 꽃길을
자전거로 달리는 사람들을 보며
'나도! 자전거!!'를 속으로 외치며 언덕을 부지런히 내려간다.

토마토, 양상추, 감자, 당근, 브로콜리, 우유, 보리차…….

홍이가 좋아하는 토마토와 브로콜리를 챙겨 담고
밀크티를 즐겨 마셔서 항상 빨리 떨어지는 우유도 한 팩 담는다.

장바구니에 이것저것 담으며 마트를 돌다 보니,
마침 좋아하는 네덜란드 맥주가 할인 행사 중이다.
6개들이 작은 박스를 몇 번이나 들었다 놨다 하다 결국 내려놓는다
애초에 가볍게 장을 봐갈 계획으로 먼 길을 걸어 내려온 터라,
무거운 장바구니를 들고 끙끙거리며 올라갈 자신이 없다.

장을 보고 마트를 나서는데,
평소 좋아하지도 않던 꽃모종들이 눈에 들어온다.
봄이라 꽃모종들을 가득 들여온 모양이다.
판매기간을 놓쳐 활짝 피어난 빨갛고 노란 꽃들부터
아직 개화 전이라 싱싱한 잎을 보이고 있는 것들까지,
마트 입구에서 작은 모종판에 옹기종기 모여
빛을 받고 있는 모습이 참 예쁘다.

5월의 살랑이는 바람은 사람을 조금 들뜨게 하고 마음에 여유를 주어
평소 놓치고 지나친 소소한 것들에 시선을 머물게 하는 묘한 힘이 있다.
식물을 키우는 것에는 소질이 없어 눈길도 주지 않았건만,
봄바람이 가져다준 기운 탓인지 자꾸만 꽃모종들이 눈에 밟힌다.
결국, 쪼그리고 앉아 가장 싱싱해 보이는 작은 꽃모종 하나를 집어 들었다.
계획보다 장을 많이 본데다 한 손에는 화분까지 들고 있어 두 손이 꽤 묵직하다.
마트를 나와 내려왔던 언덕길을 올려다보니 다시 올라갈 길이 까마득하다.

하지만, 5월이다.
기분 좋은 바람이 불어온다.
양볼을 스치는 따뜻한 바람과 함께 총총 걷기 시작한다.

한해 한해 나이를 먹으면서 가치관이나 생활방식이 조금씩 바뀌고 있는데, 그중 가장 많이 바뀐 부분이 성격이다.
충동적이고 즉흥적이었던 성격이 신중하고도 신중한 성격으로,
미리 계획을 세워 행동하는 성격으로 변했다. 그리고 한번 계획을 세우면 될 수 있으면
그 틀에서 벗어나려 하지 않는다. 수 년 간의 직장 생활과 프리랜서 생활을 하며 단련된 필요악의 습관이랄까…….
하지만 타고난 기질을 완전히 버리지 못해 가끔 깜빡하며 자신을 힘들게 하는 경우가 있다.
일상에서 틈틈이 느끼곤 하는데, 바로 지금과 같은 상황이다.

으…… 장을 너무 많이 봤다.
한쪽 어깨에 멘 터질 듯한 가방과 양손으로
조심스레 받쳐 든 화분이 담긴 검은 비닐봉지를 보며
다시 한 번 계획적인 생활의 중요성을 실감한다.

오르막이 너무 길다.

BOLOGNESE
하우스 바몬드 카레
バーモントカレー

현관문을 열자 홍이가 마구 반겨준다.
짐이 가득 담긴 가방을 한쪽 바닥에 내려놓고
식탁 의자에 앉아 한숨 돌리고 있으니
호기심 많은 참견쟁이 홍이가 가방에 머리를 집어넣고
뭘 사왔나 꼼꼼히 검사하기 시작한다.

주방 찬장에서 투명한 컵을 꺼내어 시원한 보리차를 따라
벌컥벌컥 들이켜고 장 봐온 것들을 냉장고 속에 차곡차곡 정리해 두었다.
그리고 새 보리차를 끓이기 위해 주전자에 물을 가득 담아
가스레인지에 올려두고 나니,
그제야 힘겹게 들고 온 화분이 눈에 들어온다.

몇 번의 화초 키우기 실패로 쉬고 있는 여분의 화분 중
사각형의 크림색 화분을 골라 옮겨 심고는
빛이 잘 드는 베란다 한쪽에 놓아두었다.
작은 양철 물뿌리개에 물을 받아 살살 뿌려주며 속삭인다.

"우리, 잘 지내보자!"

GARDEN TOOLS

CHAPTER 4

일상을 즐기는 홈 데코

SEWING ITEM. 14

오뚝이 인형

또로롱 또로롱~
기분 좋은 소리가 울려 퍼지는 귀여운 오뚝이 인형을 만들어 볼까요?
책상 위 한편에 세워두면 뒤뚱뒤뚱 움직일 때마다 들리는
맑은 소리가 지친 마음을 달래줄 거예요.

오뚝이인형

도안OK

완성 사이즈 • 16cm×22cm

준비물 • **A** 레드 플라워 원단 6cm×20cm 8장, **B** 레드 스트라이프 원단 5.5cm×14cm 6장, **C** 광목 원단 7.5cm×4.5cm 1장, **D** 스트라이프 원단 10cm×10cm 1장, 자수 실, 패브릭 잉크, 딸랑이, 구름솜

난이도 • ★★★★☆

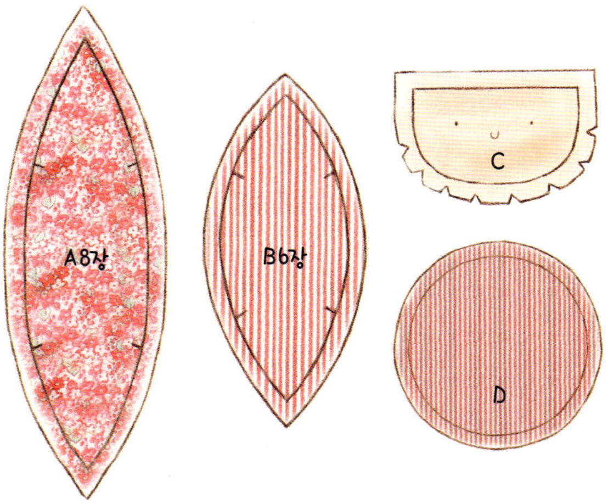

1

원단들을 각각 도안에서 시접 1cm씩 여분을 두어 재단합니다.

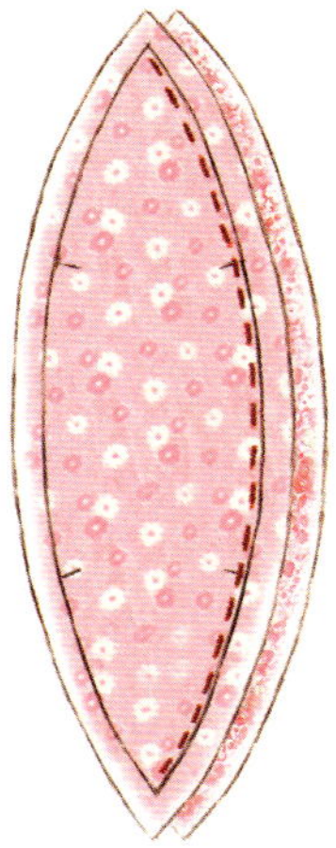

2

A를 겉끼리 마주보게 포갠 후 박음질합니다. 8장 모두 동일한 방법으로 이어주세요.

3

마지막 1번째 조각과 8번째 조각을 서로 이어 주기 전에 딸랑이와 구름솜을 넣어준 후 공그르기로 마무리합니다.

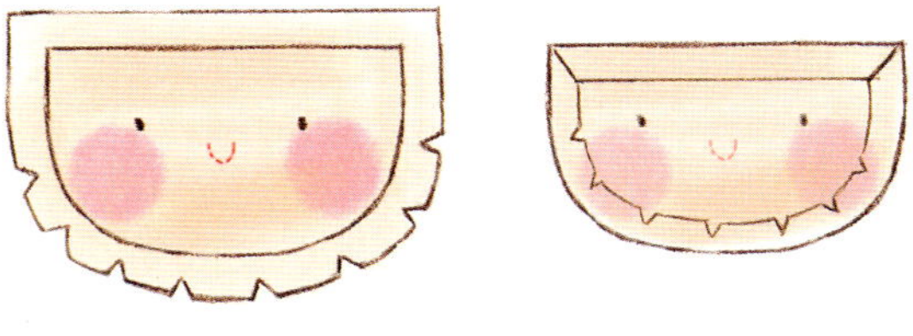

4

C에 스티치로 눈과 입을 표현해 주고, 패브릭 잉크를 이용해 볼터치도 표현해줍니다. 시접의 둥근 부분은 일정한 간격으로 가위집을 넣어주고 접어서 다림질합니다.

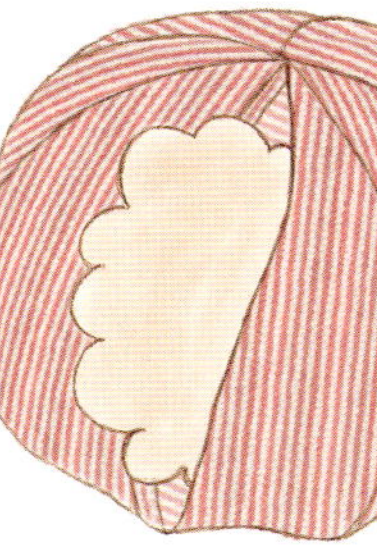

5

B 역시 겉끼리 마주보게 포갠 후 박음질해 6장 모두 이어줍니다. 마지막 이음 부분을 잇기 전 구름솜을 넣어준 후 공그르기로 마무리해주세요.

6

4번에서 만들어 놓은 얼굴을 B에 시침핀으로 고정시킨 뒤, 완성선을 따라 공그르기합니다.

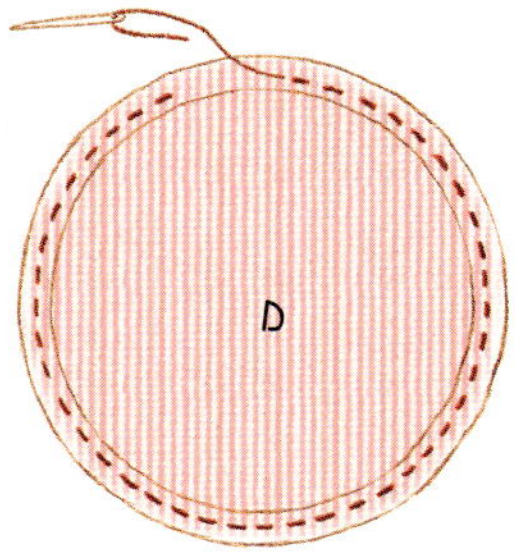

7

D의 시접 부분을 시침질합니다.

8

실을 잡아당겨 주머니 모양으로 만든 뒤, 구름솜을 채워줍니다.

9

완성된 D를 머리 위에 시침핀으로 고정시킨 후, 돌아가며 공그르기 해 이어줍니다.

10

몸통과 머리를 공그르기로 이어주고 리본 등으로 예쁘게 장식해 주면 완성!

SEWING ITEM. 15

호박 핀쿠션

소잉케이스에 예쁜 꽃이 피었어요!
바느질 시간을 더욱 즐겁게 해줄 핀쿠션을 소개합니다.
자투리 원단을 사용해 만들면 더욱 좋은 사랑스러운 호박 핀쿠션이에요.

호박핀쿠션

도안OK

완성 사이즈 • 7cm×7cm

준비물 • 레드 체리 원단 10cm×10cm 2장, 붉은색 굵은 면실 35cm 1줄, 콩 단추 1개, 손바느질용 굵은 바늘

난이도 • ★☆☆☆☆

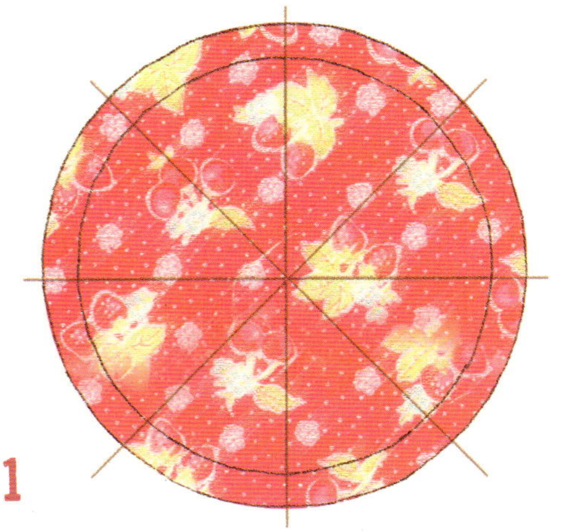

1

원단을 도안에서 시접 1cm씩 여분을 두어 2장 재단합니다. 원단의 겉면에 중심점을 표시하고, 그 점을 교차하는 선을 그려 줍니다.

★ 패브릭용 펜을 이용하면 완성선을 쉽게 지울 수 있어요.

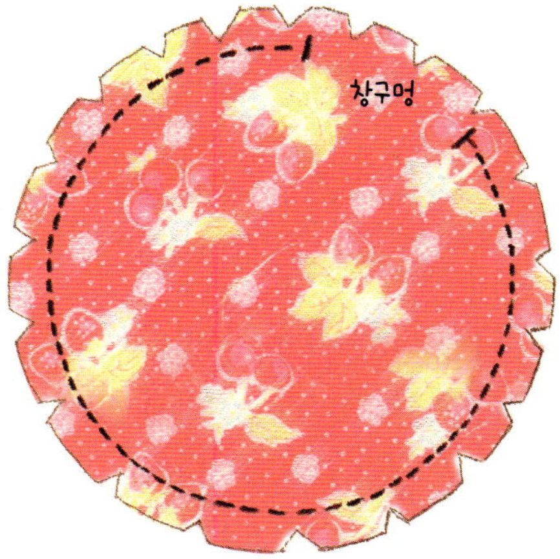

2

시접에 가위집을 내준 후, 겉감끼리 맞대어 창구멍만 남기고 박음질합니다.

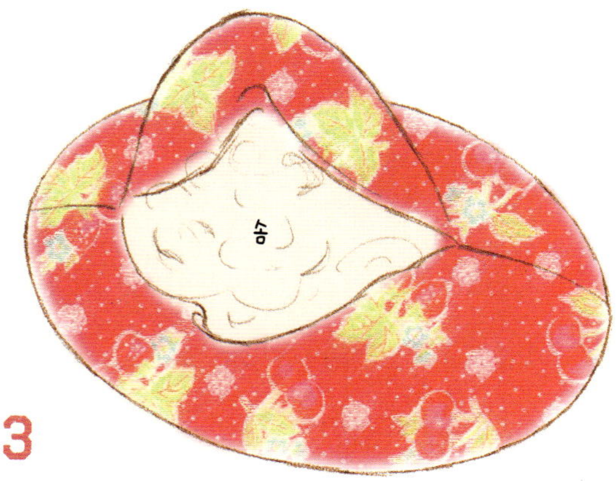

3

창구멍으로 솜을 넣어주고, 공그르기 해 창구멍을 막아줍니다.

4

붉은색 면실을 넣은 굵은 바늘을 이용해 중앙에 바늘을 꽂아 넣습니다.

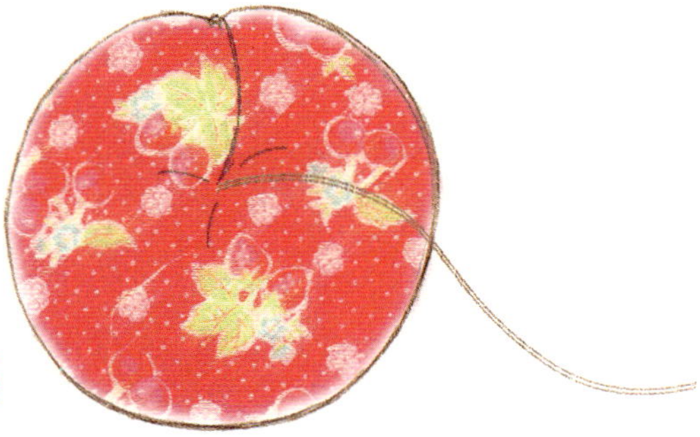

5

미리 표시해둔 선에 맞추어 반지름씩 바늘땀을 잡고 중앙을 통과시킵니다.

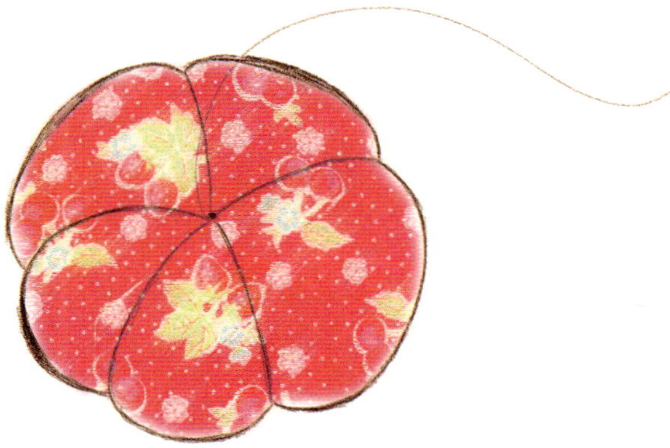

6

모두 8등분이 되도록 교차해 줍니다.

7

마지막 교차 시, 콩 단추를 중앙에 튼튼하게 고정시킨 후 매듭 짓습니다. 이때 매듭은 콩 단추 바로 아래에 지어주면 매듭이 보이지 않아 깔끔하게 마무리됩니다.

SEWING ITEM. 16

반짇고리

자주 사용하는 바느질 용품은 손이 잘 닿는 곳에 두면 무척 편리합니다.
예쁜 케이스에 담아 보관하면 사용하기 편할 뿐 아니라 인테리어 효과까지 있지요.
꼭 필요한 도구만 담아 늘 가까이에 두고 즐거운 바느질 시간을 가져 보아요!

도안OK

반짇고리

완성 사이즈 • 폭 21cm×높이 10cm

준비물 • **A** 일러스트 원단 21cm×21cm 1장, **B** 패치 원단 8cm×4.5cm 8장, **C** 바닥 겉감용 체크 원단 21cm×21cm 1장, **D** 안감용 베이지 도트 원단 21cm×21cm 2장, **E** 주머니용 체크 원단 21cm×13cm 2장, **F** 뒤판 겉감용 체크 원단 16cm×9cm 1장, **G** 뒤판 안감용 베이지 도트 원단 16cm×9cm 1장, **H** 손잡이용 체크 원단 15cm×5cm 1장, **I** 몸판용 체크 원단 50cm×3cm 1장, **J** 몸판용 핑크 도트 원단 50cm×3cm 1장, **K** 몸판 안감용 베이지 도트 원단 50cm×6cm 1장, **L** 몸판용 체크 원단 50cm×3cm 1장, **M** 몸판 안감용 베이지 도트 원단 50cm×3cm 1장, 4온스 접착솜 21cm×21cm 2장, 접착심지 50cm×3cm 1장, 50cm×6cm 1장, 16cm×9cm 1장, 지퍼 50cm, 토숀 레이스 50cm, 핑크색 면 레이스 40cm

난이도 • ★★★★★

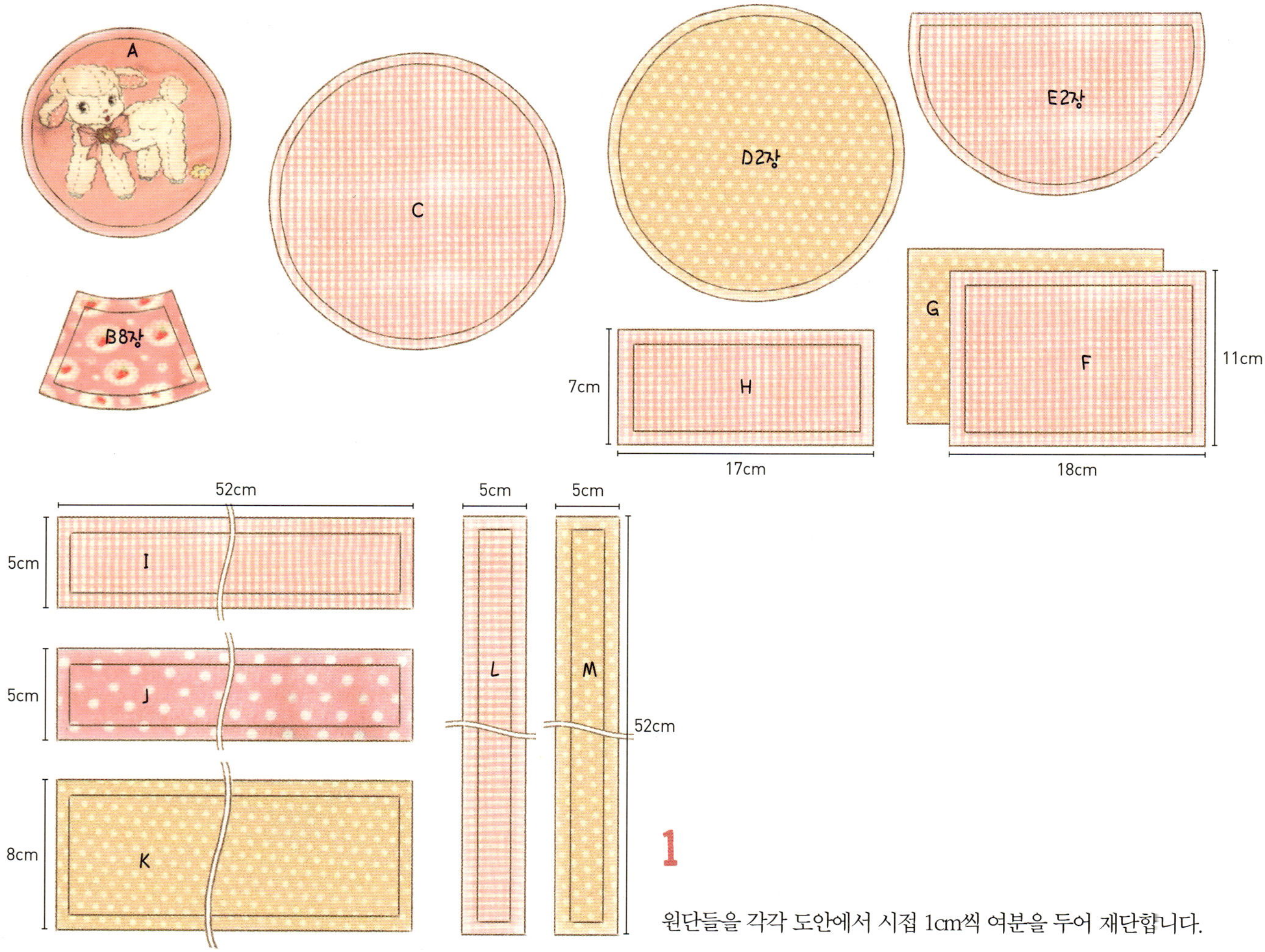

1

원단들을 각각 도안에서 시접 1cm씩 여분을 두어 재단합니다.

2

A의 시접에 돌아가며 시침질합니다.

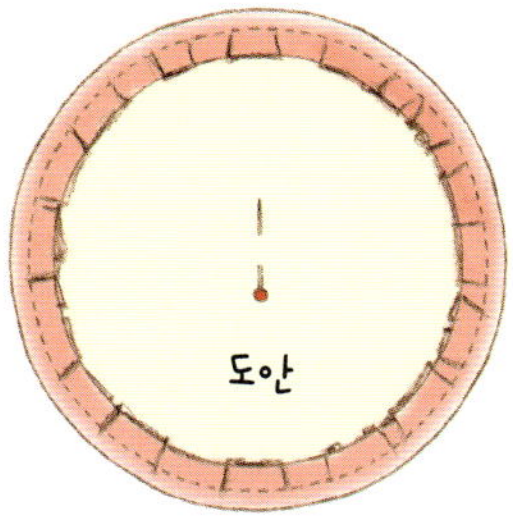

3

A 도안을 종이에 옮겨 그린 후, A의 중앙에 시침핀으로 고정시키고 시침질한 실을 천천히 당기며 시접을 안쪽으로 접어주세요.

★ 종이를 원단에 고정시킨 후 시접을 접어주면 곡선이 매끄럽게 접어집니다.

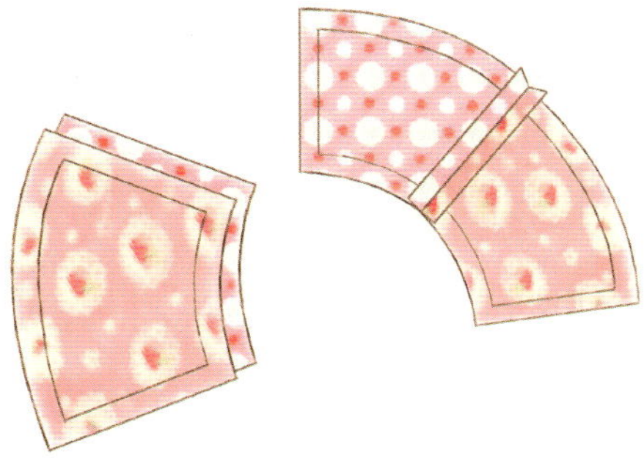

4

B의 8장 모두 겉끼리 마주보게 포갠 후, 옆선을 박음질해 연결합니다.

5

8장을 모두 연결해 도넛 모양이 만들어지면, 시접을 가름솔해 다림질합니다.

6

연결한 B의 겉면 중앙에 A의 겉이 위로 보이도록 올려 공그르기로 연결합니다. 이음선에는 면 레이스를 박음질해 경계선을 자연스럽게 가려주면 뚜껑 겉감이 완성됩니다.

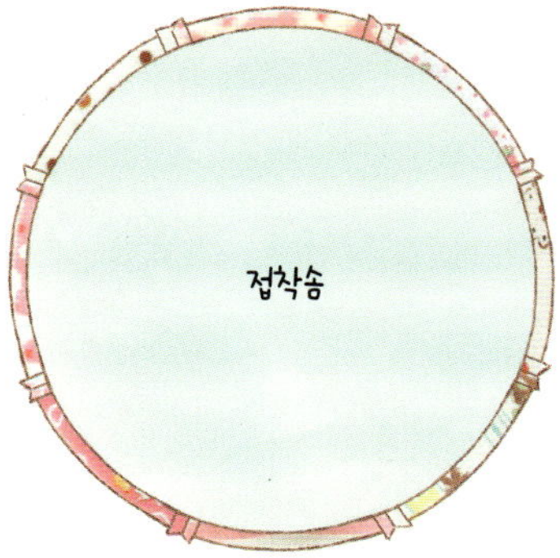

7

완성된 뚜껑 겉감의 안쪽과 접착솜의 까칠한 부분을 맞대고 시침핀으로 고정시킨 후 원단 위를 다림질해 붙여줍니다.

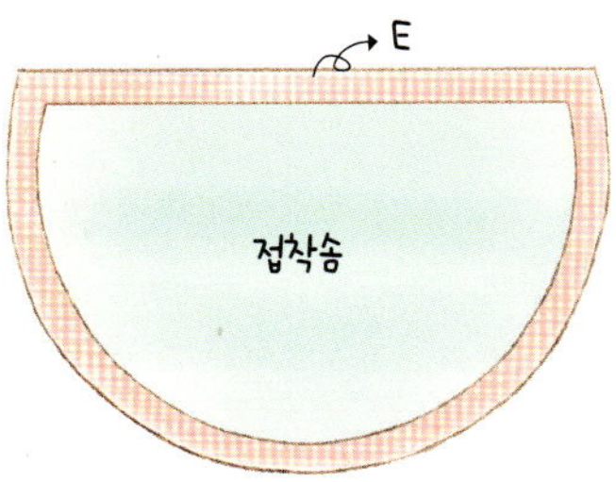

8

E의 2장 중 1장의 안쪽에 접착솜을 붙여줍니다.

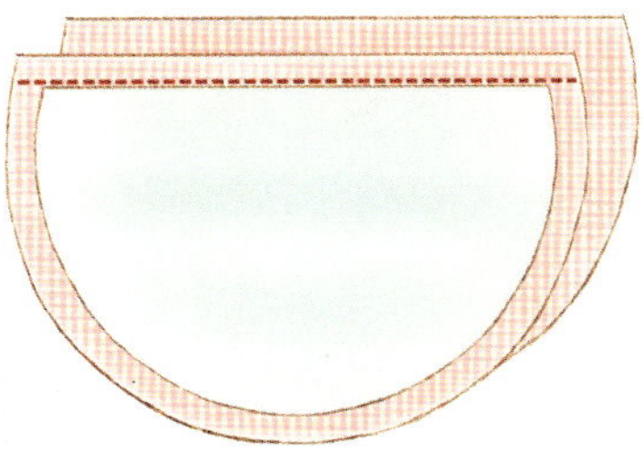

9

E를 겉끼리 맞대어 상단의 직선 부분을 박음질합니다.

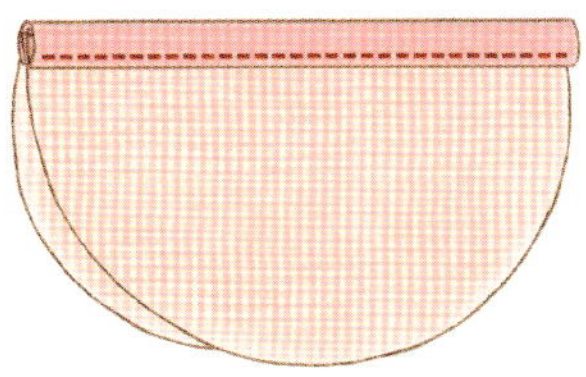

10

연결된 E의 겉면이 바깥으로 보이도록 반을 접어줍니다. 상단에는 바이어스 테이프를 박음질해 이음선을 가려주어 주머니를 완성합니다.

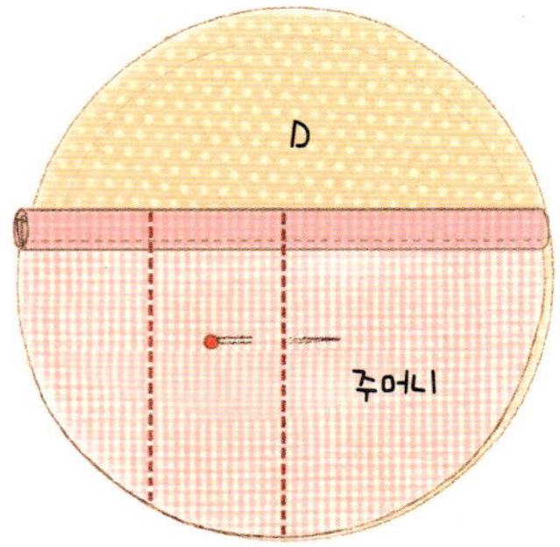

11

재단해 둔 D의 2장 중 1장에 10번에서 만든 주머니를 시침핀으로 고정시킨 후, 그림을 참고하여 주머니와 D를 한꺼번에 박음질하면 주머니 칸이 만들어 집니다. 뚜껑의 안감이 완성되었습니다.

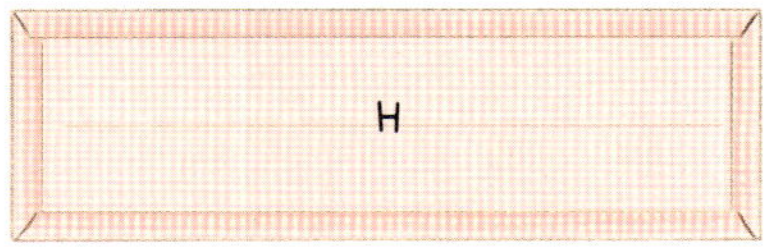

12

재단해 둔 H의 사방 시접을 안쪽으로 다림질해 고정시켜 둡니다.

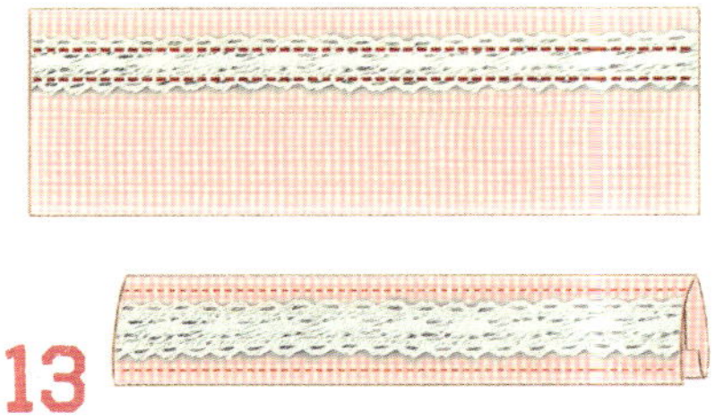

13

겉면의 한쪽에 토숀 레이스를 박음질하고, 겉이 바깥으로 보이도록 반을 접어 테두리를 돌아가며 박음질해 손잡이를 완성합니다.

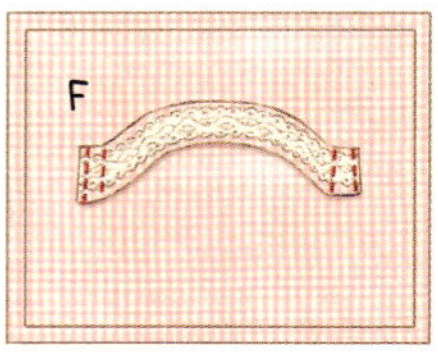

14

재단해 둔 F의 겉면 중앙에 만들어 놓은 손잡이를 올려두고 양옆을 박음질로 고정해 뒤판 겉감을 완성합니다.

15

재단해 둔 I와 J를 겉끼리 마주보게 포개어 박음질한 후, 이음선에 레이스를 박음질해 장식합니다.

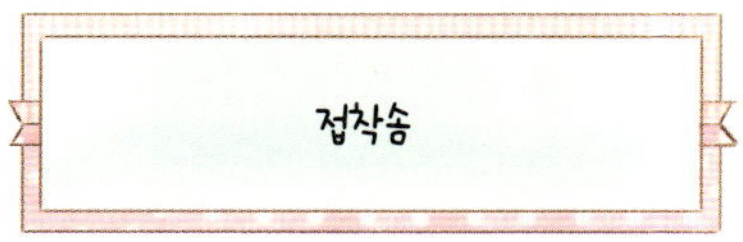

16

15번에서 만든 몸판의 안쪽에 접착솜을 붙여줍니다.

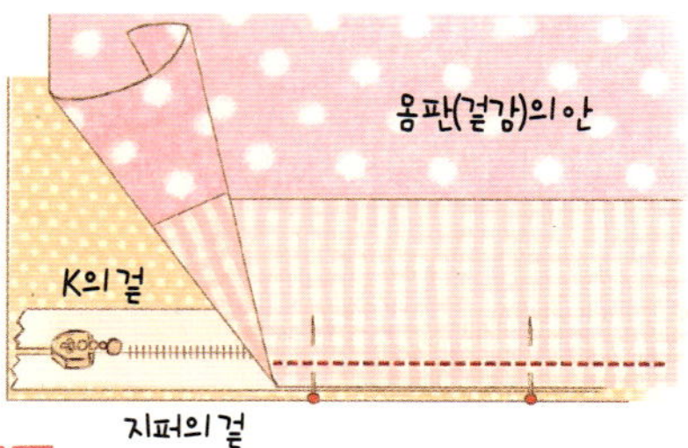

17

재단해 둔 K의 겉과 지퍼의 겉, 15번에서 만든 몸판이 위로 보이도록 포개어 한꺼번에 박음질합니다.

18

L와 M도 17번과 같은 방법으로 지퍼의 나머지 한쪽에 달아주면, 몸판이 완성됩니다.

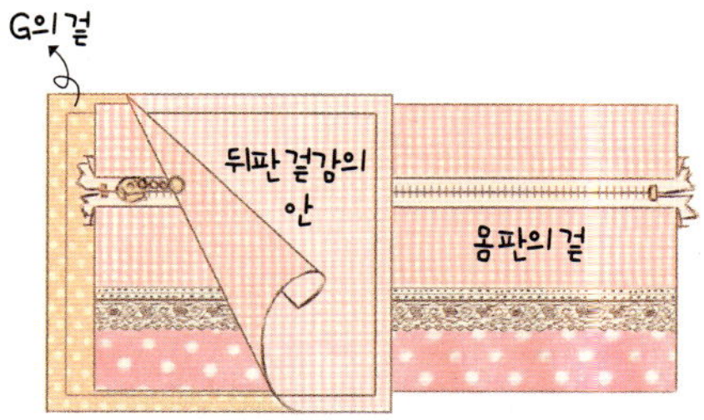

19

재단해 둔 G의 겉과 18번에서 만들어 둔 몸판의 겉, 14번에서 만들어 둔 뒤판 겉감의 안을 순서대로 올려 시침핀으로 고정시킵니다.

20

왼쪽 부분을 박음질합니다.

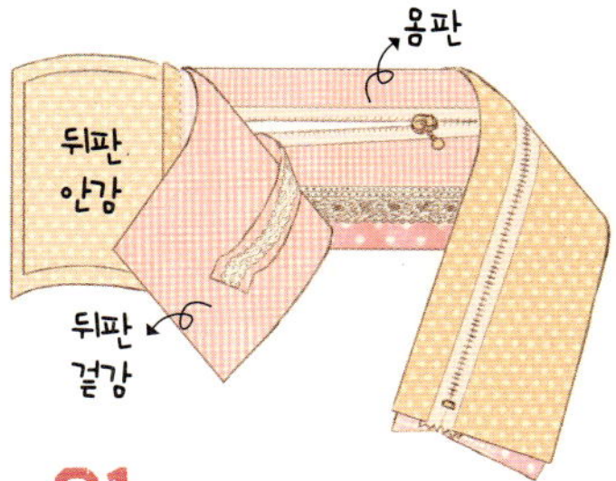

21

몸판과 뒤판이 연결되었습니다.

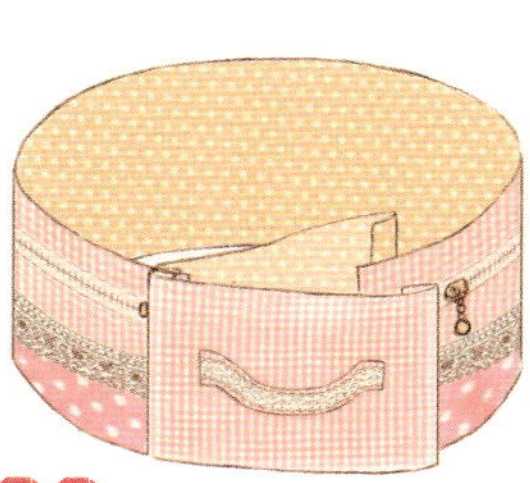

22

뒤판의 끝 부분은 1cm 정도 접어 다림질해두고, 뒤판의 겉감과 안감 사이에 몸판의 한쪽 끝을 시접 분량만큼 넣어 시침핀으로 고정해둡니다.

23

시침핀으로 고정시킨 부분을 안감과 겉감 모두 공그르기로 이어줍니다.

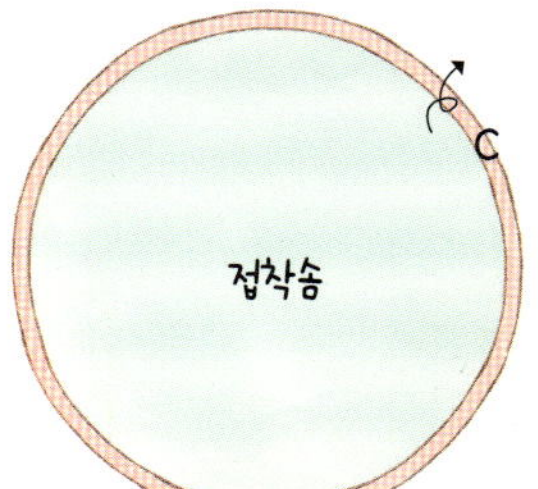

24

바닥 겉감이 될 C의 안쪽에 접착솜을 붙여줍니다.

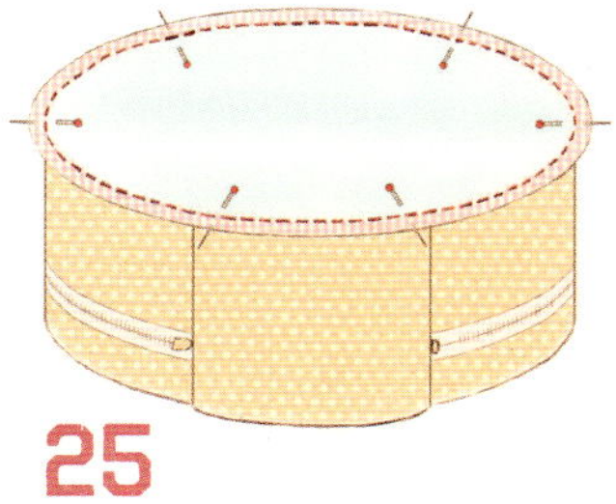

25

몸판의 안감이 바깥으로 보이도록 뒤집고, 24번에서 만든 바닥 겉감을 올려 시침핀으로 고정한 후 박음질합니다.

★ 이때 바닥 겉감의 접착솜 부분이 위로 향하도록 올려 박음질합니다.

26

몸판의 상하를 뒤집어 뚜껑이 될 부분을 위로 향하게 놓고, 7번에서 만들어 놓은 뚜껑 겉감을 올려 시침핀으로 고정한 후 박음질합니다.

★ 이때 뚜껑 겉감의 접착솜 부분이 위로 향하도록 올려 박음질합니다.

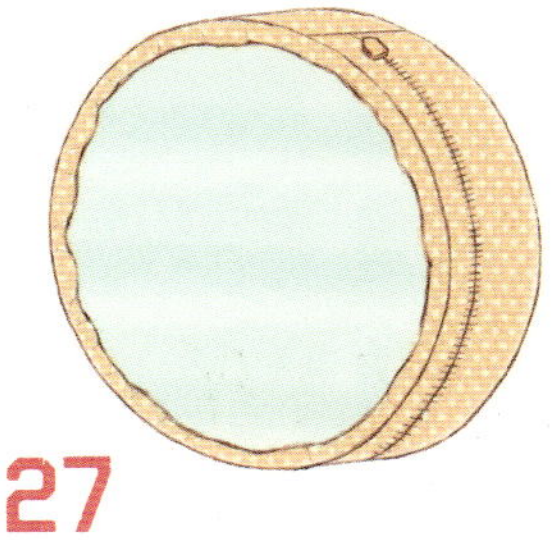

27

몸판과 뚜껑의 겉감이 이어진 부분 시접은 원형의 안쪽으로 접어놓습니다.

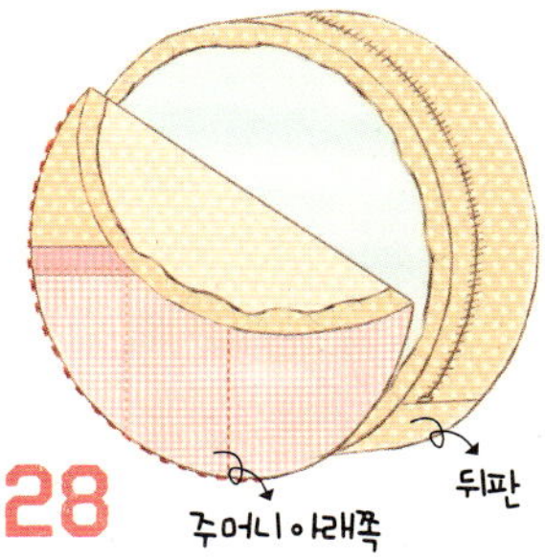

28

11번에서 만들어 놓은 뚜껑 안감의 시접을 안쪽으로 접은 후, 몸판의 뚜껑과 공그르기 해 연결합니다.

★ 이때 주머니의 아랫부분이 뒤판을 향하도록 놓습니다.

29

몸판 바닥의 시접을 안쪽으로 접은 후, D의 남은 1장과 공그르기 해 연결합니다.

30

겉감이 밖으로 나오도록 뒤집어 모양을 잡아주면 완성!

GARDEN TOOLS

SEWING ITEM. 17

두루마리 휴지 케이스

편리함에 자주 사용하지만 그다지 예뻐 보이지는 않는 두루마리 휴지에 집을 만들어 주세요!
정육면체 모양으로 만들어 사용하기 편리하게 만들었어요.
캠핑 시 챙겨 가면 깨끗하게 사용할 수 있어 더욱 좋아요.

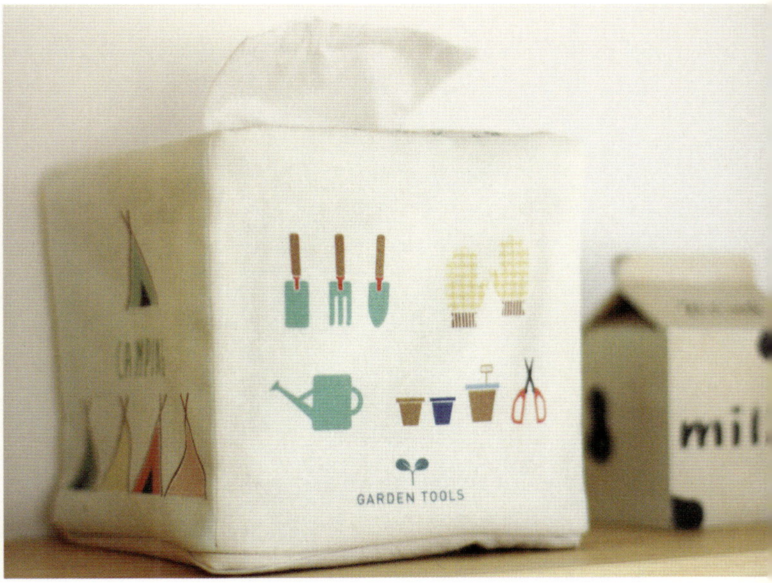

두루마리 휴지 케이스

완성 사이즈 • 13cm×13cm

준비물 • **A** 커트지 13cm×13cm 4장, **B** 그린 플라워 원단 13cm×13cm 2장, **C** 안감용 광목 원단 13cm×13cm 6장, 2온스 접착솜 13cm×6.5cm 2장, 접착심지 13cm×13cm 5장, 콘솔 지퍼 45cm 1개

난이도 • ★★★★★

1

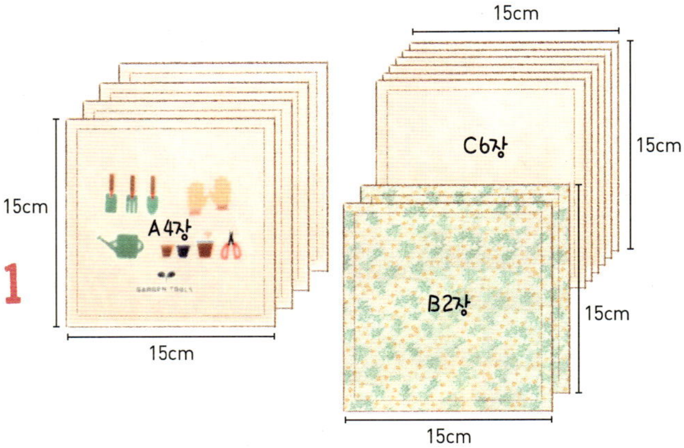

A, B, C 원단을 각각 시접 1cm씩 여분을 두어 재단합니다.

2

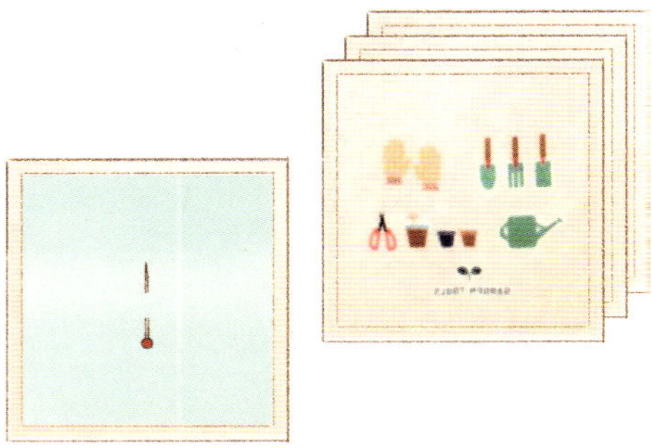

겉감이 되는 4장의 A 안쪽에 접착심지를 시침핀으로 고정시킨 후, 원단 위를 다림질해 붙여줍니다.

3

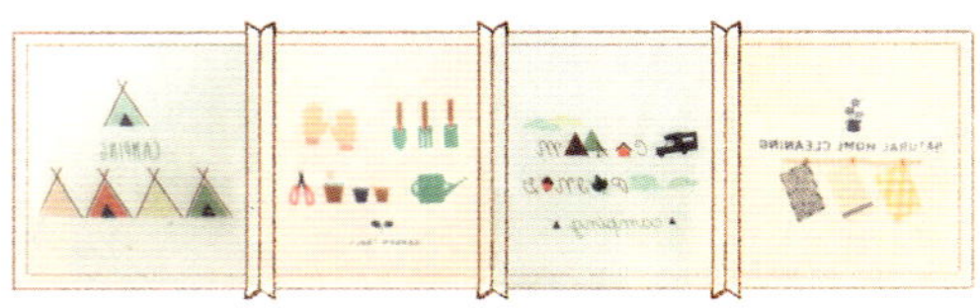

A의 4장을 겉끼리 맞대어 박음질하고, 안감이 될 C 역시 같은 방법으로 4장을 박음질해 연결합니다.

4

콘솔 지퍼를 준비해 지퍼 알을 뺀 후, 지퍼가 달릴 위치를 잡아 시침핀으로 고정해 줍니다. 이때 지퍼의 잠기는 방향과 지퍼의 위아래를 꼭 확인해 두세요.

5

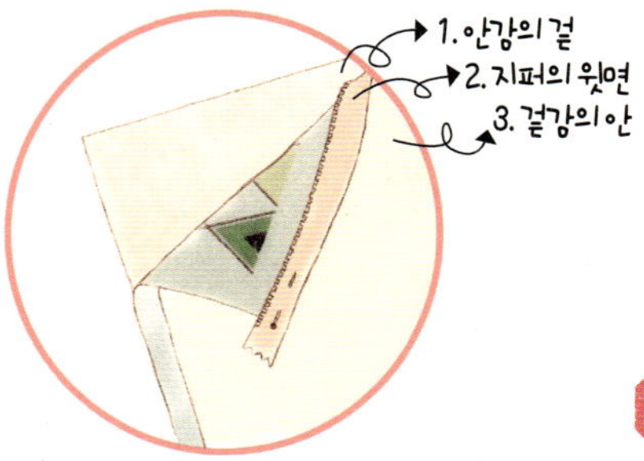

안감의 겉과 지퍼의 윗면, 겉감의 안이 겹치도록 그림을 참고해 포개놓고, 완성선에 맞춰 한 번에 박음질합니다.

6

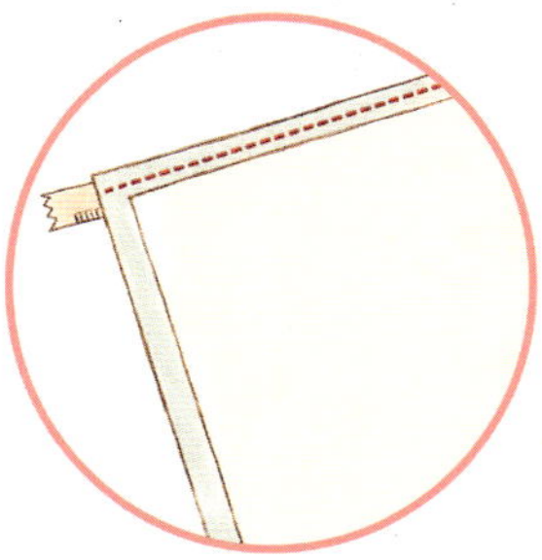

지퍼 부분에서 0.2mm 간격을 두고 박음질합니다.

7

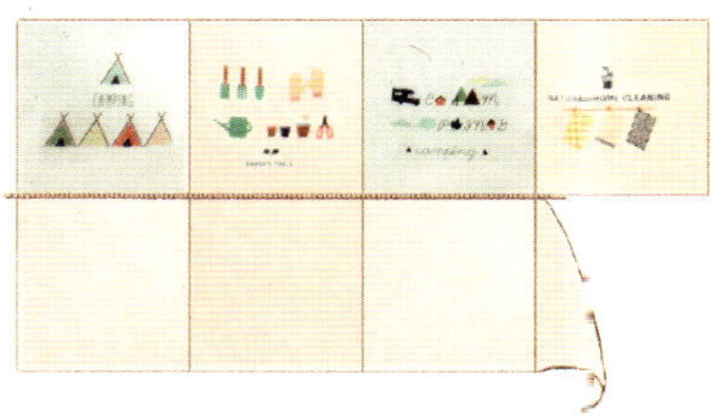

겉감과 안감이 지퍼로 연결되었습니다.

8

C의 남은 2장은 바닥이 될 원단입니다. 그 중 1장의 상단을 제외한 3면의 테두리에 지퍼를 놓고 시침핀으로 고정합니다.

★ 이때 지퍼는 그림과 같이 지퍼의 안쪽이 원단쪽으로 향하도록 놓아둡니다.

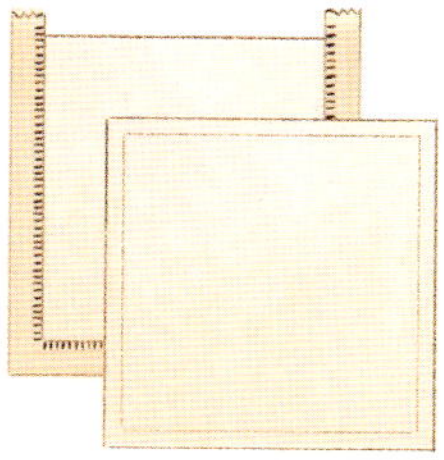

9

그 위에 C의 남은 1장을 올려 시침핀으로 고정합니다.

10

지퍼가 없는 상단 부분을 제외한 나머지 3면을 돌아가며 박음질합니다.

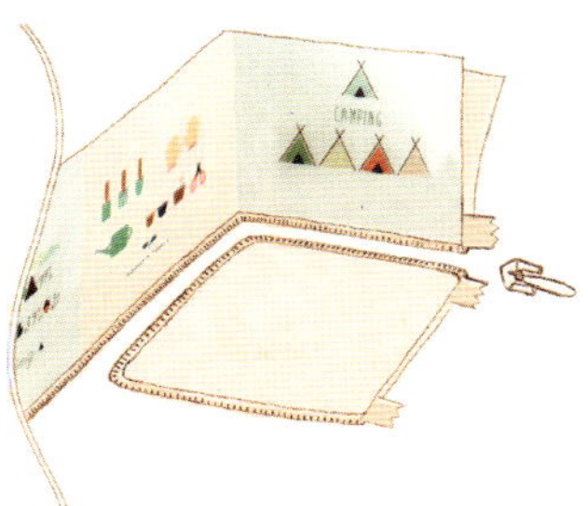

11

빼두었던 지퍼 알을 다시 끼워줍니다.

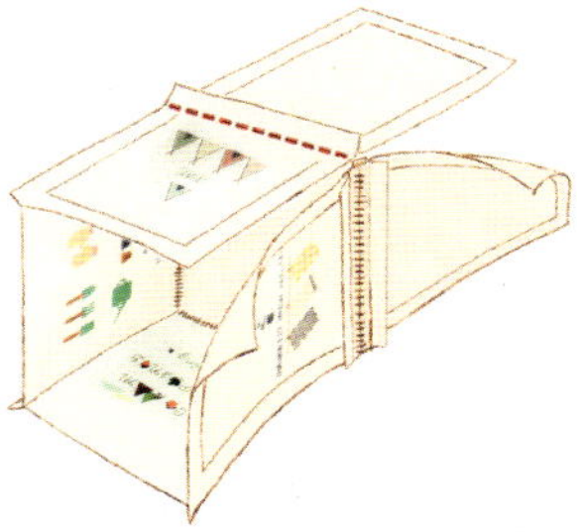

12

몸통과 바닥이 지퍼로 연결되면, 남은 한 쪽 바닥면도 그림처럼 시접을 남겨두고 박음질합니다.

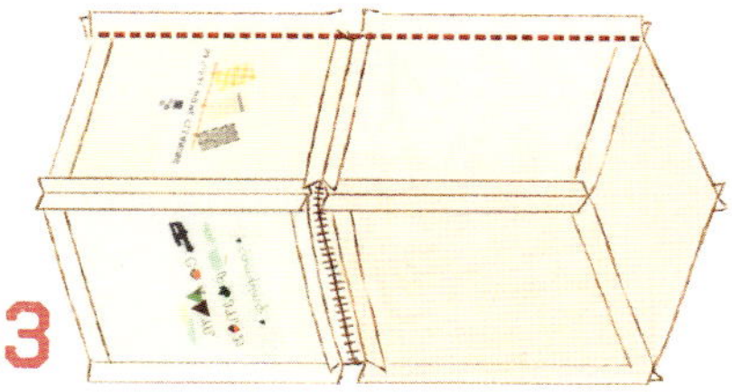

13

옆선도 그림처럼 박음질합니다.

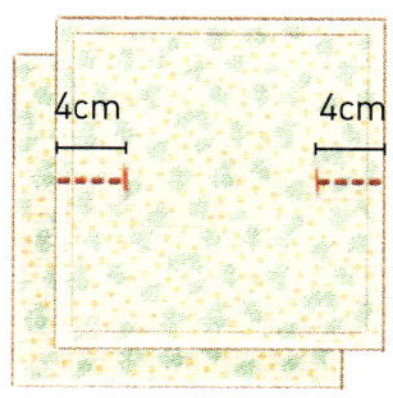

14

B를 겉끼리 마주보게 겹친 뒤, 그림처럼 양쪽 끝에서 4cm씩 박음질합니다.

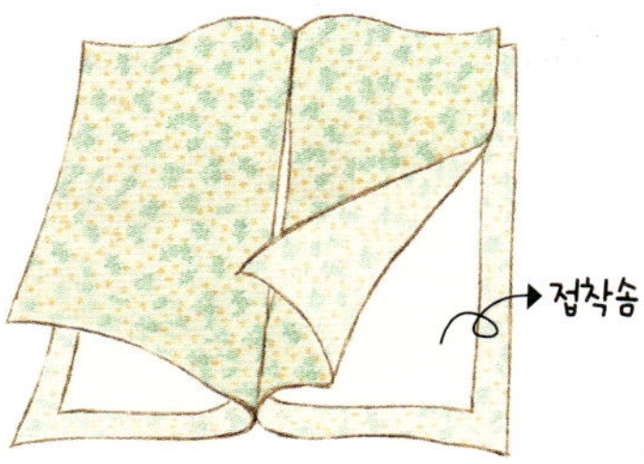

15

바느질선을 중심으로 가름솔하면, 그림과 같이 중앙만 뚫린 형태가 됩니다. 원단의 안쪽 면 사이에 접착솜을 넣고 다림질합니다(양쪽에 하나씩 두 장 모두 넣어주세요).

16

그림과 같이 휴지가 나올 입구 부분을 상침해 주세요.

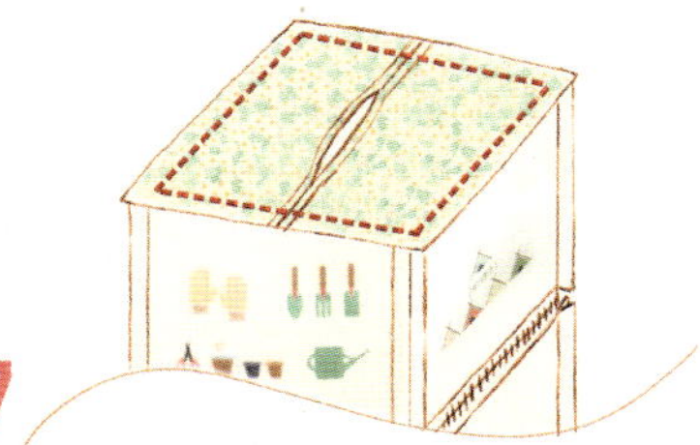

17

완성된 뚜껑을 몸판의 겉감에 그림처럼 고정시킨 뒤, 돌아가며 박음질합니다.

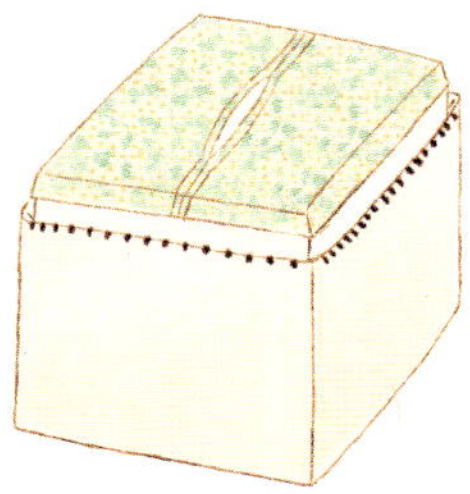

18

시접을 안쪽으로 정리하며 모양을 잡아 안감쪽에서 돌아가며 공그르기 해 마무리하면 완성!

30°
LAUNDRY

SEWING ITEM. 18

패브릭 정리함

세탁물이나 재활용품을 따로 모아두곤 할 패브릭 정리함을 만들어 볼까요?
안쪽은 방수처리가 된 라미네이트 원단을 사용해
오염물이 묻어도 쉽게 제거할 수 있어 좋답니다.
뽀얀 우윳빛 광목 원단에 민트색 이미지가 더없이 잘 어울리는 패브릭 정리함!
여러 개를 만들어 나란히 두면 더욱 예뻐요.

패브릭 정리함

완성 사이즈 • 가로 30cm×세로 30cm×높이 24cm

준비물 • **A** 광목 원단 30cm×30cm 5장, **B** 리넨 라미네이트 원단 30cm×30cm 5장, 밝은 색상용 전사지 1장, 접착심지

난이도 • ★★☆☆☆

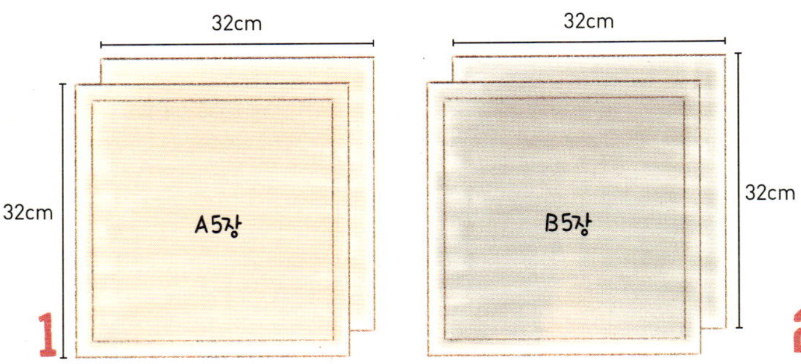

1 원단들을 각각 시접 1cm씩 여분을 두어 5장씩 재단합니다.

2 A의 5장 중 앞면으로 사용될 한 장에 전사지를 이용해 이디지를 프린트합니다.

★ 전사지 활용법은 136p를 참고하세요.

3 A의 5장을 그림과 같이 배치한 후 바닥면을 중심으로 박음질해 이어줍니다.

4 시접은 가름솔한 후, A의 안쪽과 접착심지의 까칠한 부분을 맞대고 시침핀으로 고정시킨 뒤, 원단 위를 다림질해 붙여줍니다.

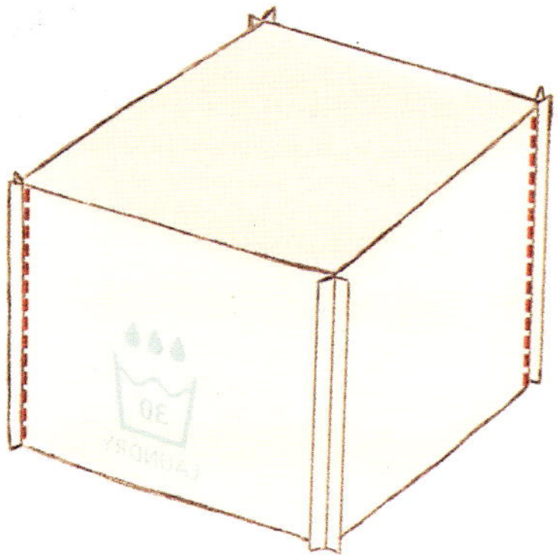

5

옆선끼리 박음질하여 상자 모양이 되도록 합니다(안감도 같은 방법으로 만들어 주세요).

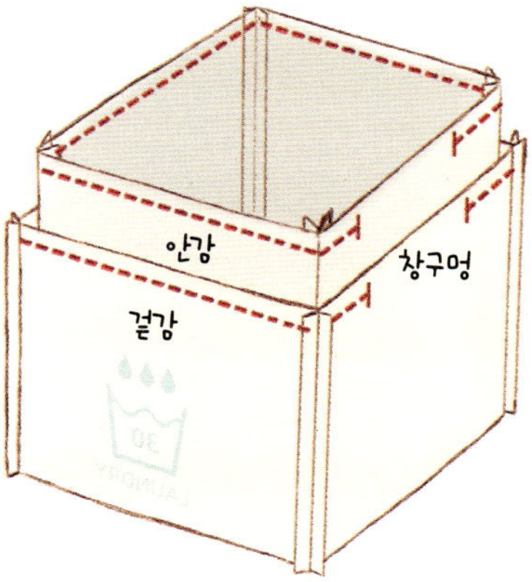

6

겉감과 안감의 겉이 서로 마주보게 포갠 후, 상단을 창구멍을 남기고 박음질합니다.

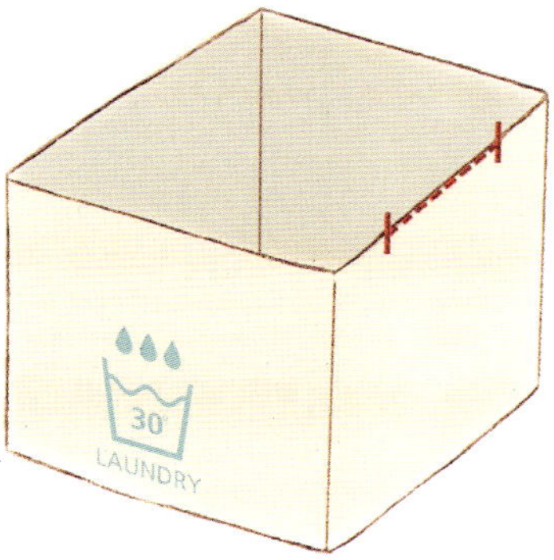

7

창구멍을 통해 뒤집은 후, 창구멍을 공그르기 해 막아줍니다.

8

안감이 보이도록 위에서 6cm정도를 접어 마무리하면 완성!

SEWING ITEM. 19

튜닉 원피스

간편한 홈웨어나 작업용 앞치마로 활용할 수 있는 튜닉 원피스를 소개할게요.
귀여운 프릴 치마와 네크라인의 모티브 레이스가 포인트!
티셔츠와 함께 코디해 레깅스 위에 걸쳐 원피스로 입어도,
예쁘게 물이 빠진 데님 팬츠에 레이어드 해 입어도 좋아요!

도안OK

튜닉원피스

완성 사이즈 • 54cm×78cm (55~66 Size)

준비물 • **A** 앞판용 그레이 원단 108cm×65cm 1장, **B** 뒤판용 그레이 원단 108cm×65cm 1장, **C** 프릴용 그레이 원단 260cm×20cm 1장, 네크라인 모티브 레이스, 네크라인용 바이어스 85cm 1개, 암홀용 바이어스 80cm 2개

난이도 • ★★★★☆

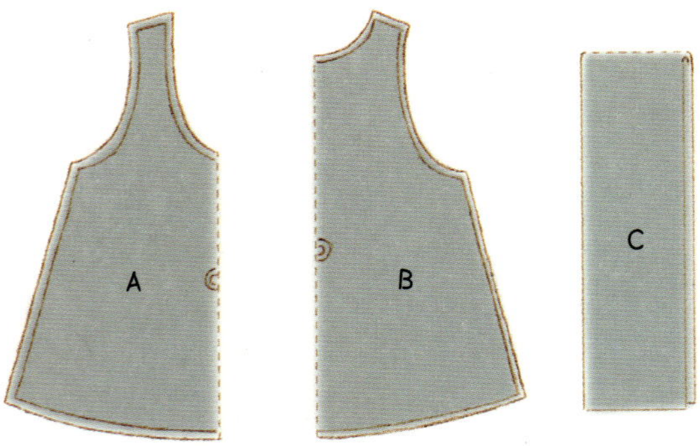

1

원단들을 각각 도안에서 시접 1cm씩 여분을 두어 재단합니다.

2

앞판 A와 뒤판 B는 가장자리 전체를 오버로크 처리한 뒤, 어깨선과 옆선을 맞추어 박음질합니다.

★ 오버로크가 불가능할 경우, 손바느질로 휘갑치기 해주세요. (26p 참고)

3

치맛단 프릴이 될 C는 그림처럼 원통 모양으로 둥글게 말아 끝부분을 박음질합니다. 이 부분도 올이 풀리지 않도록 오버로크 처리해 주세요.

4

C의 아랫단을 0.5cm씩 두 번 말아 박음질합니다.

5

C의 상단 시접부분에서 1cm 간격으로 2줄을 시침질합니다.

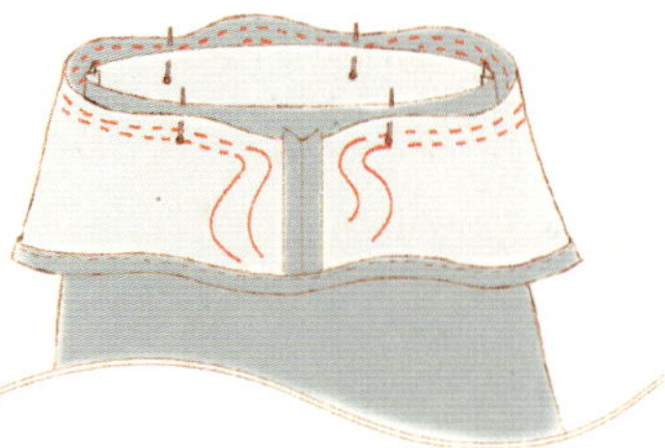

6

실을 천천히 당겨 주름을 만들어 주면서 몸판의 아랫단과 프릴의 사이즈를 맞추어 줍니다.

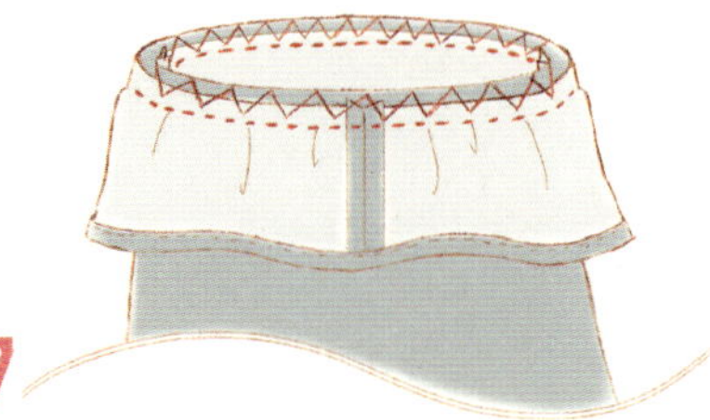

7

돌아가며 박음질한 후, 몸판의 시접과 프릴의 시접을 겹쳐 한꺼번에 오버로크 처리합니다.

8

네크라인과 암홀라인에는 바이어스 테이프를 박음질합니다.

★ 바이어스 테이프 만들기는27p를 참고하세요.

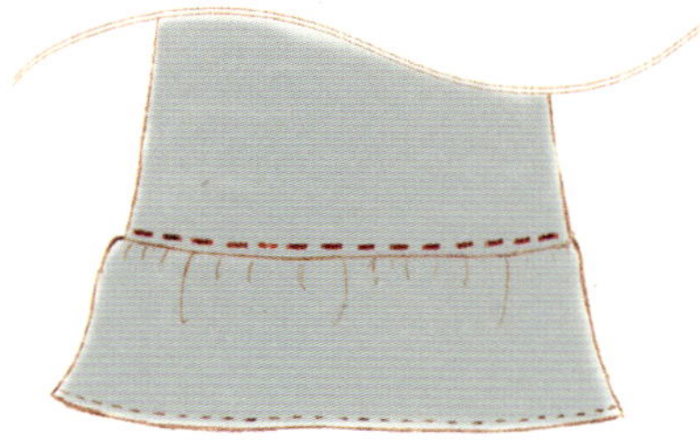

9

프릴을 달아준 후, 시접은 윗쪽으로 접어 다림질하고 겉면에서 시접이 있는 방향으로 돌아가며 상침합니다.

10

마지막으로 네크라인을 따라 모티브 레이스를 달아주면 완성!

★ 네크라인용 모티브 레이스는 원단 사이트나 부자재 상가에서 구입할 수 있어요.

SEWING ITEM. 20

소녀 감성 케이프

얌전한 블라우스나 니트 티셔츠 위에 걸쳐주면
색다른 분위기를 만들어 주는 케이프.
노란 색상의 원단과 귀여운 펀칭 레이스, 빈티지한 느낌의 단추가
밋밋한 의상에 포인트가 되어 줄 거예요.
시폰 주름치마에 크림색 블라우스와 함께 코디하면
정말 잘 어울릴 소녀 감성 케이프를 소개합니다.

도안OK

소녀 감성 케이프

완성 사이즈 • 35cm×28cm
준비물 • 노란 잔꽃무늬 원단 35cm×28cm 1장, 주름 펀칭 레이스 50cm 1개, 토숀 레이스 31cm, 장식용 단추 1개, 의류용 걸고리 1쌍, 옷핀
난이도 • ★★☆☆☆

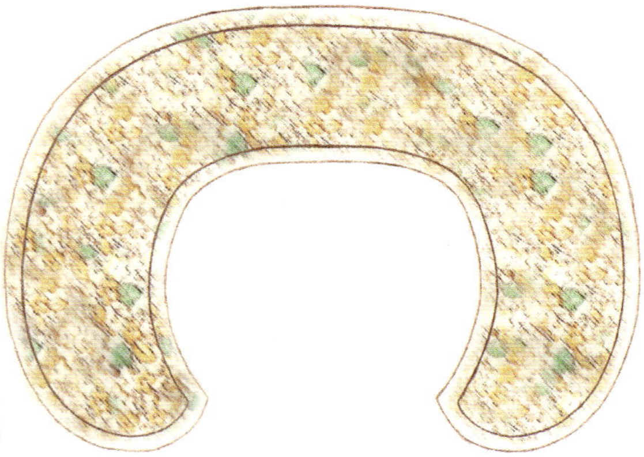

1

원단을 도안에서 시접 1cm씩 여분을 두어 재단합니다.

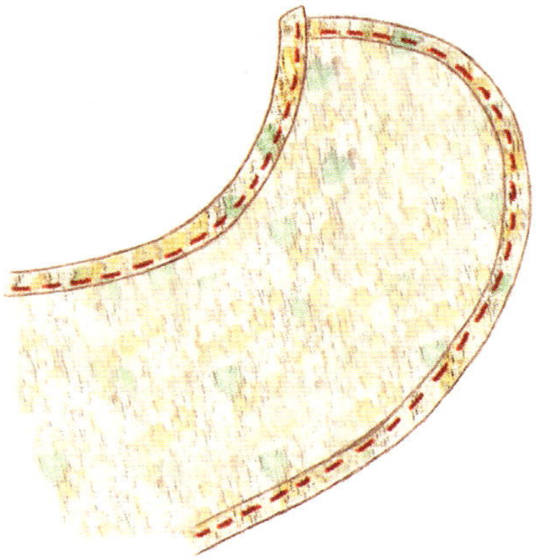

2

사방을 0.5cm씩 두 번 접어 박음질합니다.

★ 재봉틀 사용 시 말아박기 노루발을 이용하면 편리합니다.

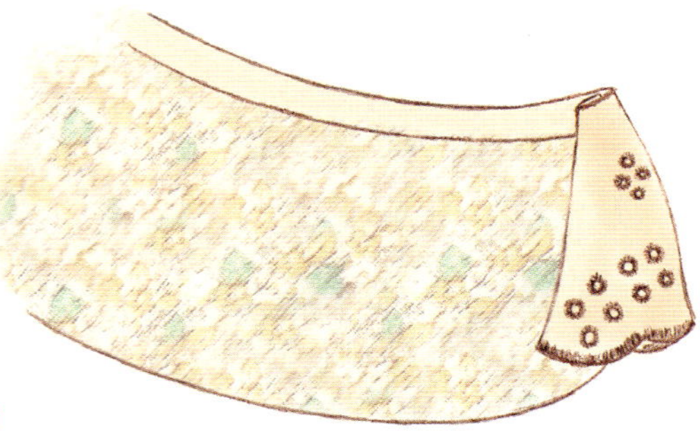

3

주름 펀칭 레이스의 상단을 0.5cm씩 두 번 접어 박음질한 후, 몸판 겉면 상단에 끼우듯이 올려 시침핀으로 고정합니다.

★ 이때 레이스의 양쪽 끝 부분은 여유를 두어 안쪽으로 두 번 접어 다림질 해주세요.

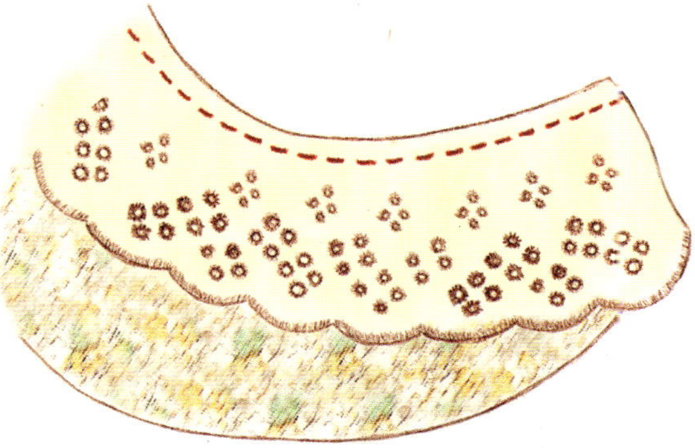

4

네크라인을 따라 박음질합니다.

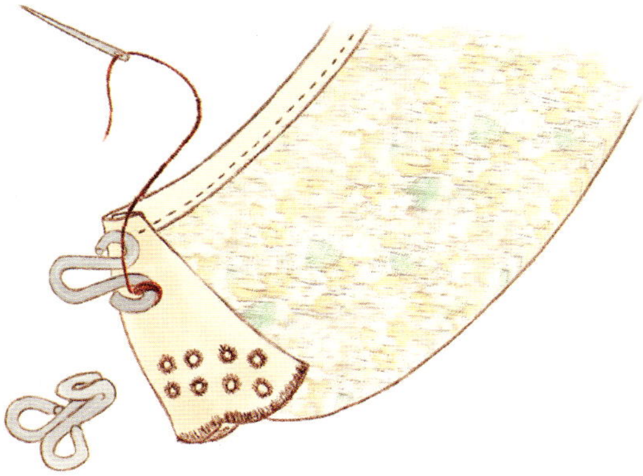

5

네크라인의 시작 부분의 안쪽으로 걸고리 한쪽을 달아줍니다.

6

반대편에도 나머지 걸고리를 달아줍니다.

7

빈티지 단추와 토숀 레이스를 이용하여 브로치를 만들어 줍니다.

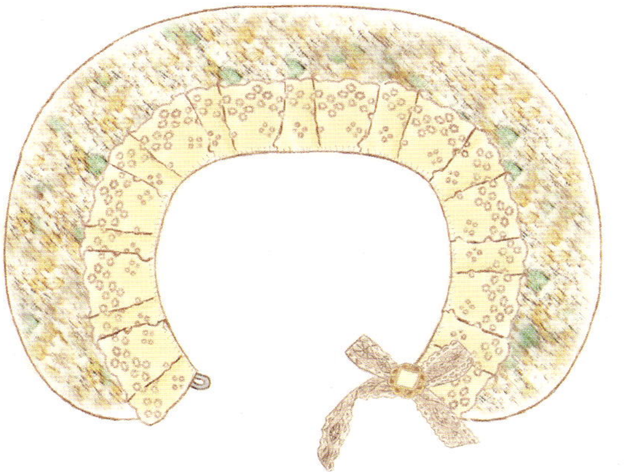

8

걸고리가 가려질 수 있는 위치에 브로치를 달아주면 완성!

SEWING ITEM. 21

룸 슈즈

초가을부터 다음 해 여름이 오기 전까지 언제나 함께하는 룸 슈즈
기본적인 디자인의 심플함과 넉넉한 사이즈로
신을수록 그 매력에 퐁당 빠져버려요.
다양한 원단과 패치로 응용해 친구와
가족들에게 선물한다면 뜻깊은 선물이 될 거예요.

도안OK

룸 슈즈

완성 사이즈 • 11cm×26cm

준비물 • **A** 아이보리 누빔 원단 11cm x 26cm 2장, **B** 바닥용 리넨원단 11cm x 26cm 2장, **C** 그린 체크 원단 30cm x 20cm 2장, **D** 안감용 브라운 원단 30cm x 20cm 2장, 7온스 접착솜 11cm x 26cm 2장, 30cm x 20cm 2장

난이도 • ★★★★★

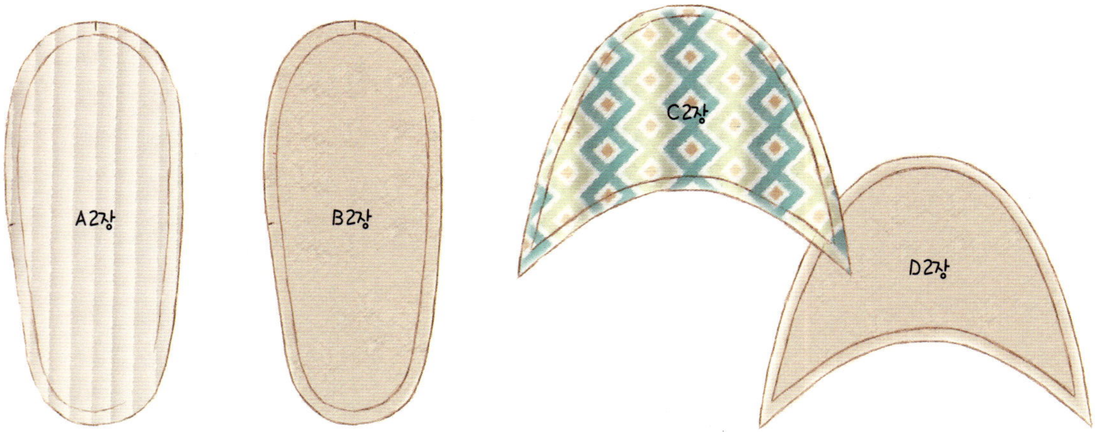

1

원단들을 각각 도안에서 시접 1cm씩 여분을 두어 2장씩 재단합니다.

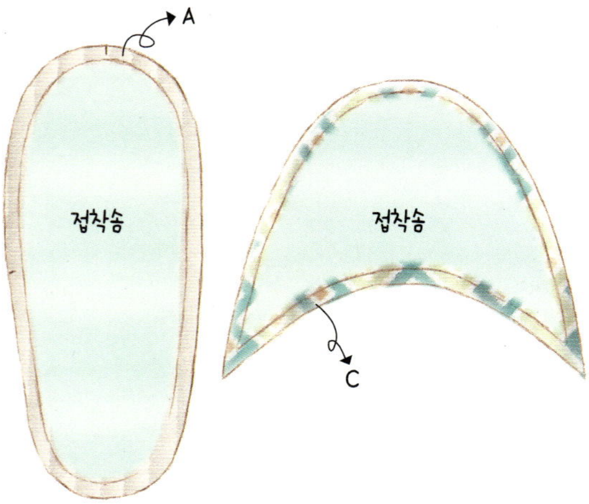

2

A와 C의 안쪽에 접착솜의 까칠한 부분을 맞대고 시침핀으로 고정시킨 뒤, 원단 위를 다림질해 붙여줍니다.

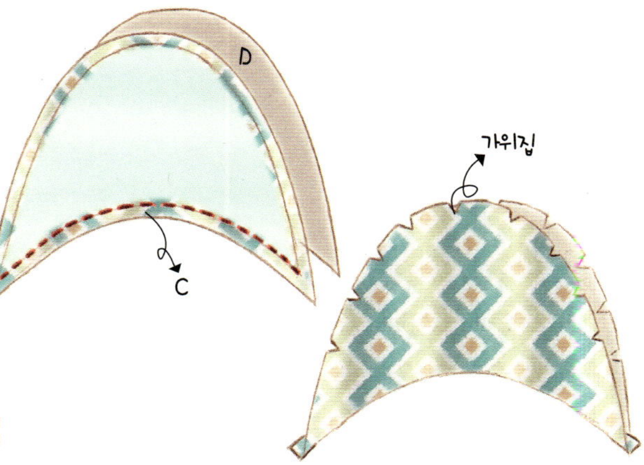

3

C와 D를 겉끼리 맞대어 그림에 표시된 부분을 박음질하고, 겉면이 바깥으로 보이도록 뒤집어 다림질합니다. 곡선 부분은 시접에 가위집을 내주면 부드럽게 바느질할 수 있어요.

4

A의 위에 만들어 놓은 발등 부분을 겉끼리 맞대어 올려두고, 시침핀으로 고정해둡니다.

5

시침핀으로 고정해둔 부분을 박음질해 발등과 바닥면을 이어줍니다.

6

B의 안쪽에도 접착솜을 붙여주고, A는 바느질이 편리하도록 발등이 들뜨지 않게 시침핀으로 바닥면에 고정해둡니다.

7

A의 겉면과 B의 겉면이 서로 마주보게 포갠 후, 창구멍을 남겨두고 박음질합니다.

8

창구멍으로 뒤집은 후, 시접을 안쪽으로 정리하고 창구멍을 공그르기 해 막아줍니다. 같은 방법으로 나머지 한쪽도 만들어주면 완성!

SPECIAL TIP

전사지 활용하기

예쁜 원단이 넘쳐나는 요즘이지만, 종종 필요한 용도에 딱 맞는 원단을 찾기 어려울 때가 있어요. 그럴 때면 "내가 직접 원단을 디자인할 수 있다면…"하는 생각이 들곤 합니다. 바로 이때! 전사지를 활용해 보세요. 전사지를 이용하면 내가 원하는 이미지를 그대로 원단에 옮겨낼 수 있어요. 사진이나 유행하는 패턴, 혹은 나만의 패턴을 만들어 전사지에 출력하면 나만의 멋진 원단이 만들어집니다!

준비물 • 원단, 도안, 프린트기, 전사지, 다리미, 가위

출력할 이미지를 준비해 주세요. 출력용 이미지는 해상도가 150 이상이어야 합니다. 책 속의 이미지는 300으로 설정했습니다.

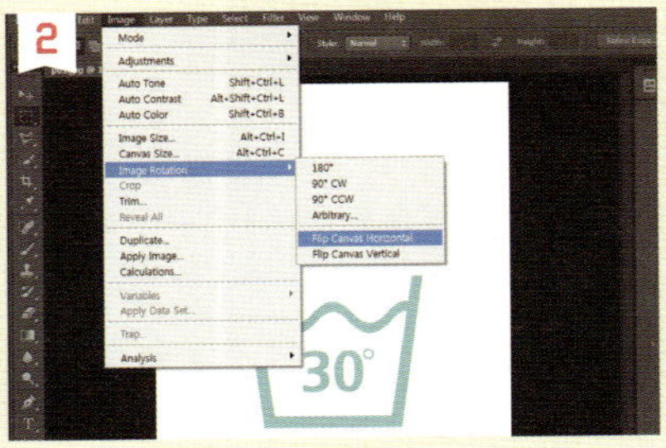

이미지 툴을 이용해 이미지를 좌우 반전시켜 줍니다. 포토샵의 경우 좌우 반전은 [Images]–[Image Rotation]–[Flip Canvas Horizontal]을 선택하면 됩니다.

이미지가 제대로 좌우 반전되었는지 확인합니다.

전사지를 준비해 주세요. 격자무늬로 표시된 부분이 뒷면입니다.

프린트기 용지함에 전사지를 넣어주세요.

사진 인쇄나 고급 인쇄로 설정해 프린트합니다.

프린트된 전사지의 이미지는 테두리에 3~5mm 정도의 여유를 두고 가위로 오려주세요.

이미지가 들어갈 원단을 반듯하게 펼쳐놓고, 이미지가 전사될 위치를 확인합니다. 원단은 순면 혹은 폴리합성 섬유가 좋아요.

위치를 정했으면 그대로 뒤집어 슥슥 문질러 손의 온도와 마찰력으로 움직이지 않게 고정해주세요.

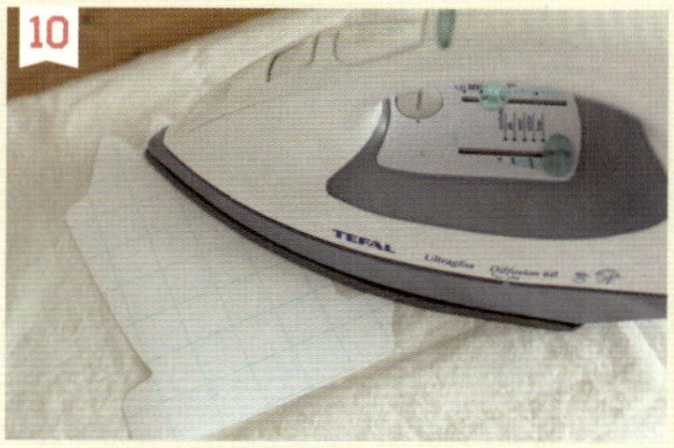

다리미를 예열한 뒤, 힘을 주어 다림질합니다. 이때 이미지의 가장자리 바깥쪽까지 여유 있게 골고루 다려줍니다.

★ 다리미의 스팀 기능은 꺼주세요!

전사지의 테두리까지 들뜨는 곳 없이 완전히 밀착되도록 다림질합니다(전사지의 종류에 따라 다림질 시간을 조정합니다).

다림질한 부분이 완전히 식은 후, 모서리부터 천천히 전사지를 벗겨냅니다.

종이를 완전히 벗겨내면 완성! 사진이나 유행하는 패턴 이미지들을 사용해 더욱 다양하게 활용할 수 있습니다.

CHAPTER 5

포근한 휴식의 공간

PARIS

SEWING ITEM. 22

빈티지 쿠션

패브릭 소품을 교체하는 것만으로도 집안의 분위기가 확 달라지곤 해요.
감각 있는 패턴의 원단을 사용해 쿠션 커버를 만들어
우리 집 거실을 레트로 풍 카페로 변신시켜 볼까요?

빈티지 쿠션

완성 사이즈 • 40cm×40cm
준비물 • **A** 스퀘어 패턴 원단 40cm×40cm 1장, **B** 브라운 무지 원단 40cm×40cm 1장, 콘솔지퍼 40cm 1개, 쿠션 솜
난이도 • ★★★☆☆

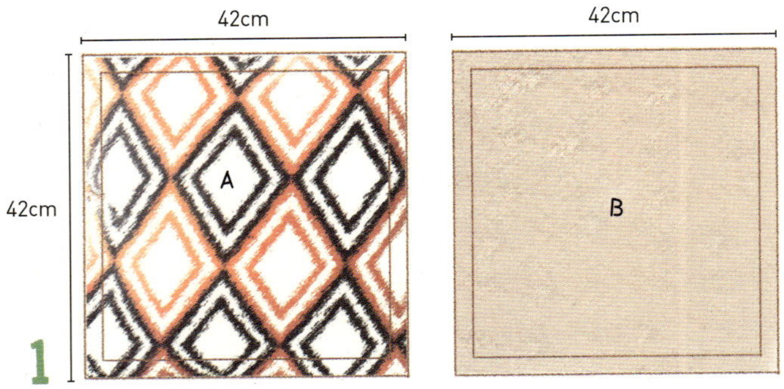

1

원단들을 각각 시접 1cm씩 여분을 두어 재단합니다. 가장자리는 올이 풀리지 않도록 모두 오버로크 처리해주세요.

★ 오버로크가 불가능할 경우, 손바느질로 휘갑치기 해주세요. (26p 참고)

2

지퍼 달아줄 곳을 확인합니다.

3

A의 겉면 위에 지퍼의 겉이 마주보도록 올려 그림과 같이 지퍼의 한쪽을 박음질합니다.

4

재단해 둔 B 역시 3번과 같은 방법으로 반대편 지퍼에 박음질해 이어줍니다.

5

지퍼에 A와 B가 연결된 모습입니다.

6

지퍼를 반쯤 열어둔 후, A와 B를 겉끼리 맞대어 나머지 부분을 모두 박음질합니다. 지퍼가 튼튼히 고정되도록 지퍼의 양쪽 끝으로 1.5cm 안쪽까지 박음질합니다.

7

지퍼를 열어 뒤집은 후, 쿠션 솜을 넣어주면 완성!

★ 콘솔지퍼란?

지퍼를 달았을 때 지퍼가 안으로 숨어 잘 보이지 않는 지퍼로, 숨은 지퍼라고도 합니다. 의류나 쿠션 등에 주로 사용하지요.

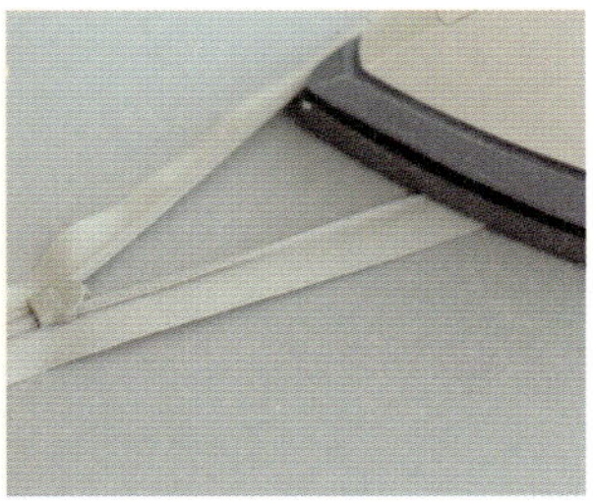

1. 콘솔지퍼는 사진처럼 지퍼 이빨이 한쪽으로 꺾여 말려있어 그대로 사용하면 바느질이 힘들어요.
2. 다리미로 꺾어진 부분을 펼쳐 다림질합니다. 펼쳐진 지퍼는 지퍼를 달아준 후 다시 여닫아주면 저절로 말려 안으로 숨기 때문에 밖에서는 지퍼가 눈에 잘 띄지 않아요.

Country Barn
Special
Flakes
with Red Berries
Strawberry & Blueberry
PRO ZDRAVÍ

SEWING ITEM. 23

레트로 폼폼 방석

폭신폭신, 빨간 폼폼 레이스로 장식한,
조금은 빈티지한 스타일의 원형 방석을 소개할게요.
지퍼가 겉에서 보이지 않도록 덮어주는 방식을 이용해
완성도를 더욱 높여주었어요!

도안OK

레트로 폼폼 방석

완성 사이즈 • 40cm×40cm

준비물 • **A** 물결 패턴 원단 40cm×40cm 1장, **B** 블루 리넨 원단 40cm×24cm 1장, **C** 블루 리넨 원단 40cm×20cm 1장,
지퍼 40cm, 폼폼 레이스 120cm

난이도 • ★★★★☆

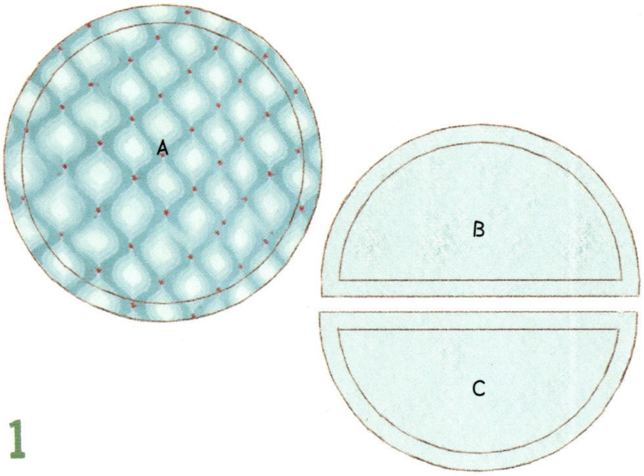

1

원단들을 각각 도안에서 시접 1cm씩 여분을 두어 재단합니다.

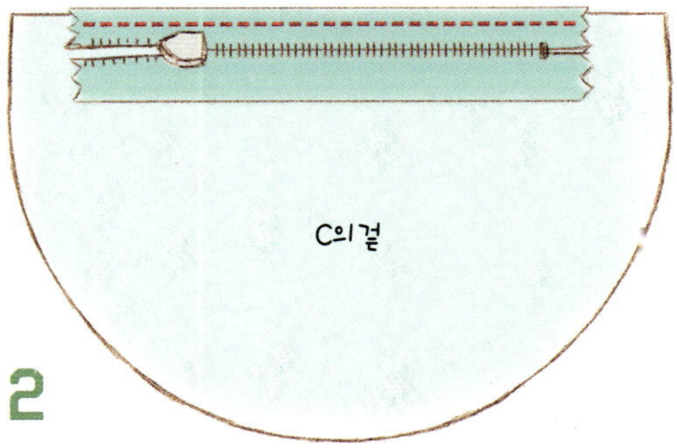

2

C의 겉면 위에 지퍼의 겉이 마주보도록 올려 그림과 같이 지퍼의 한쪽을 박음질합니다.

3

지퍼가 연결된 C의 겉면 위에 3mm 정도 여유를 두고 상침합니다.

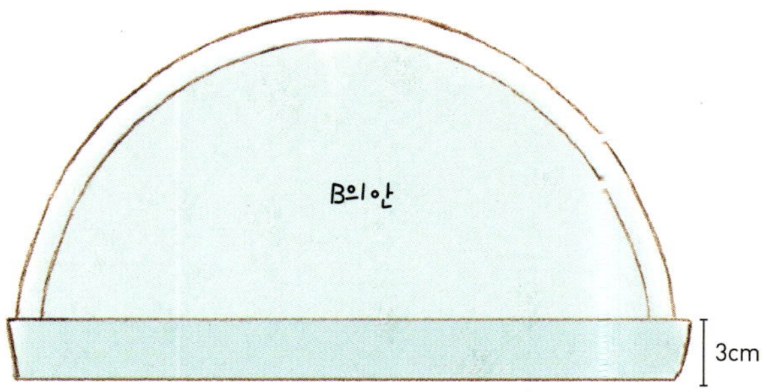

4

B의 지퍼가 연결될 직선 부분에 3cm 정도 안쪽으로 접어 다림질합니다.

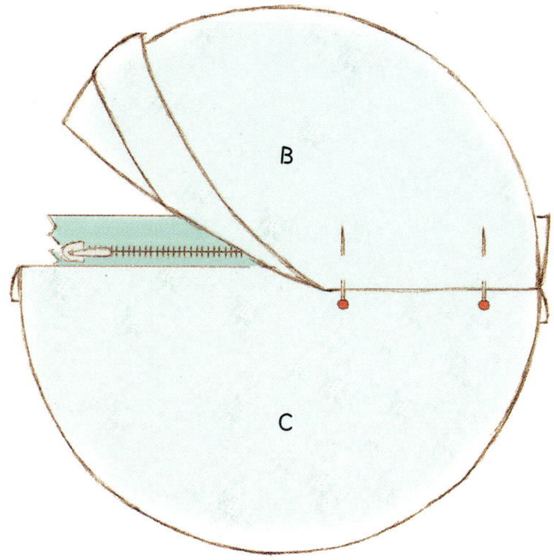

5

B의 직선 부분을 지퍼가 보이지 않도록 3cm 정도 덮어준 후, 시침핀으로 고정해둡니다.

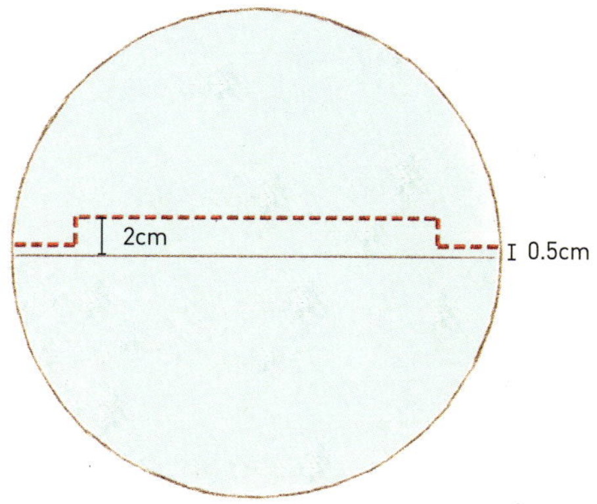

6

그림과 같은 모양으로 박음질하면 뒷면이 완성됩니다.

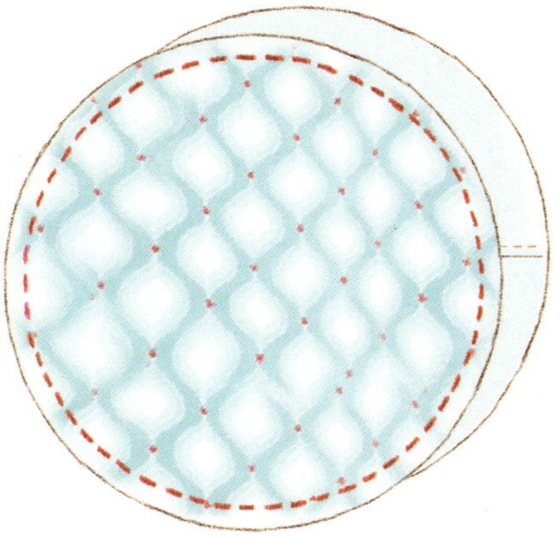

7

재단해 놓은 A와 만들어 놓은 뒷면을 겉끼리 마주보게 포갠 후, 지퍼를 반쯤 열고 둘레를 박음질합니다.

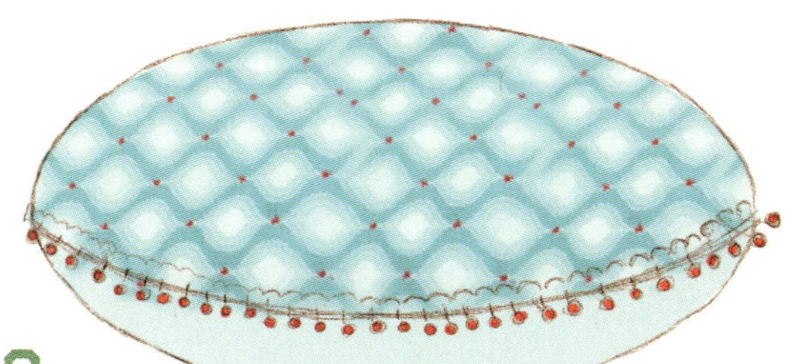

8

열어둔 지퍼로 뒤집은 뒤, 테두리에 폼폼 레이스를 돌아가며 박음질하면 완성!

SEWING ITEM. 24

베개 커버

햇볕에 보송보송하게 말린 침구의 사각거리는 감촉을 좋아합니다.
솔솔 풍겨오는 바삭한 햇볕의 냄새도 무척 좋아요.
폭신하고 보드라운 베개가 주는 포근함에 언제나 기분이 좋아집니다.

베개 커버

완성 사이즈 • 폭 70cm×높이 48cm

준비물 • **A** 앞판용 광목 원단 70cm×48cm 1장, **B** 뒤판용 광목 원단 70cm×48cm 1장, 콘솔지퍼 60cm 1개, 패브릭용 잉크, 베개 솜 70cm×50cm

난이도 • ★★★☆☆

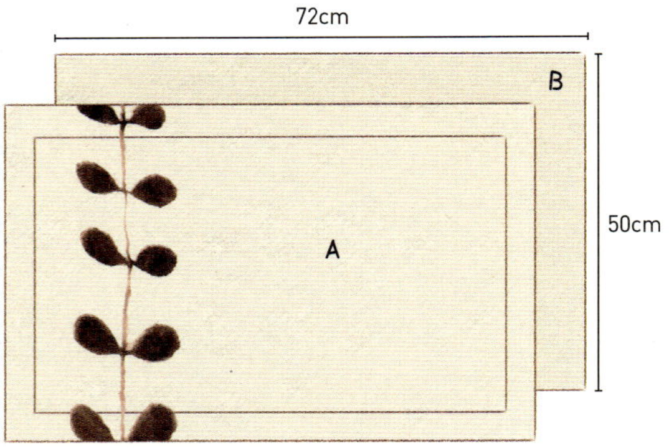

1

원단들을 각각 시접 1cm씩 여분을 두어 재단합니다. 원단의 한쪽에 스텐실 기법으로 무늬를 넣어주세요.

★ 스텐실 기법은 160p를 참고하세요.

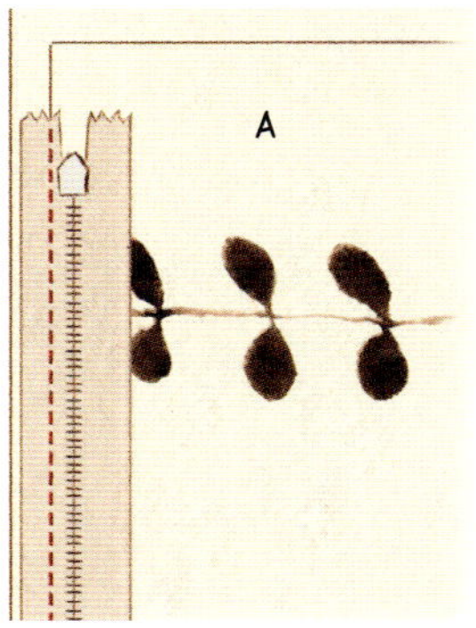

2

A의 겉면 위에 지퍼의 겉이 마주보도록 올려 그림과 같이 ス퍼의 한쪽을 박음질합니다.

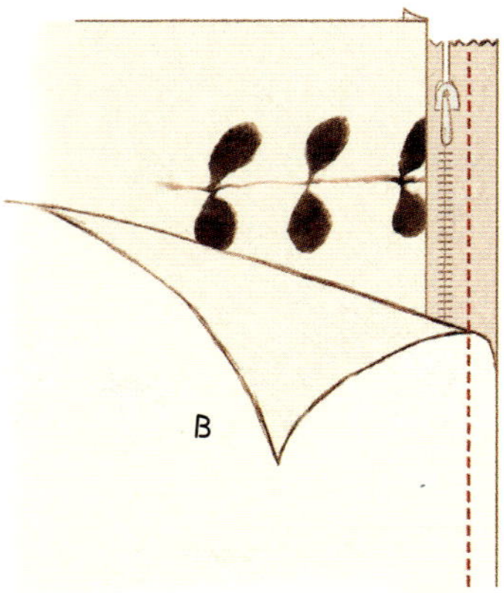

3

재단해 둔 B 역시 2번과 같은 방법으로 반대편 지퍼에 박음질해 이어줍니다.

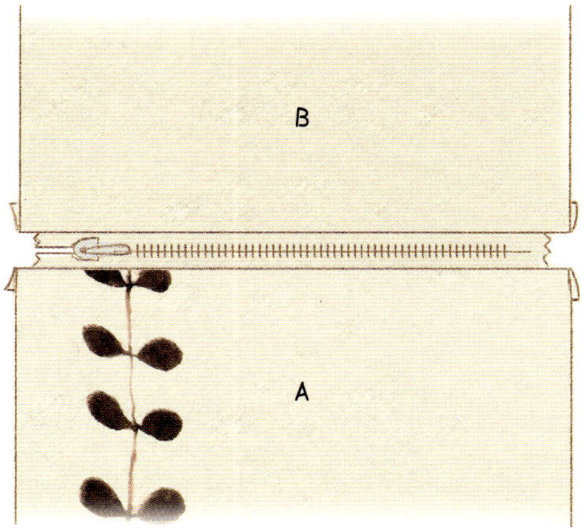

4

지퍼에 A와 B가 연결된 모습입니다.

5

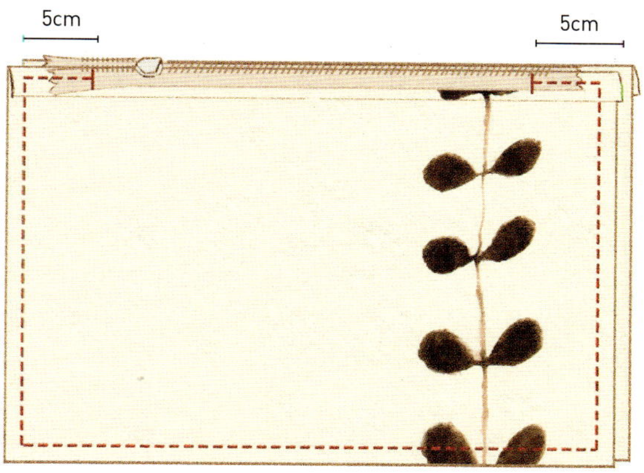

지퍼를 반쯤 열어둔 후, A와 B를 겉끼리 맞대어 나머지 부분을 모두 박음질합니다. 지퍼가 튼튼히 고정되도록 지퍼의 양쪽 끝으로 5cm 안쪽까지 박음질합니다.

6

지퍼를 열어 뒤집은 후, 70cm×50cm의 베개 솜을 넣어주면 완성!

★ 쓰다보면 솜이 죽어 베개가 푹 꺼지는 것을 방지하고자 커버의 세로 사이즈를 솜보다 2cm정도 작게 제작했어요. 선호하는 베개 솜의 꺼짐 정도를 고려해 세로 사이즈를 조정하면 됩니다.

SEWING ITEM. 25

이불 커버

늦은 아침까지 마음껏 게으름을 피워도 포근하게 안아주는 이불이 있는 공간,
내추럴한 분위기의 크림빛 침실은 누구나 꿈꾸는 안락한 침실의 모습이 아닐까요?
정성을 들일수록 더욱 안락해지는 공간인 침실을
사각사각한 느낌의 포근한 리넨 이불 커버로 꾸며보세요.

이불 커버

완성 사이즈 • 200cm×230cm (퀸 사이즈 기준)

준비물 • **A** 앞판용 광목 원단 150cm×230cm 1장, **B** 앞판용 광목 원단 25cm×230cm 2장, **C** 뒤판용 리넨 원단 150cm×230cm 1장, **D** 뒤판용 리넨 원단 25cm×230cm 2장, 콘솔지퍼 180cm, 패브릭용 잉크, 면 테이프 10cm 6개

난이도 • ★★★☆☆

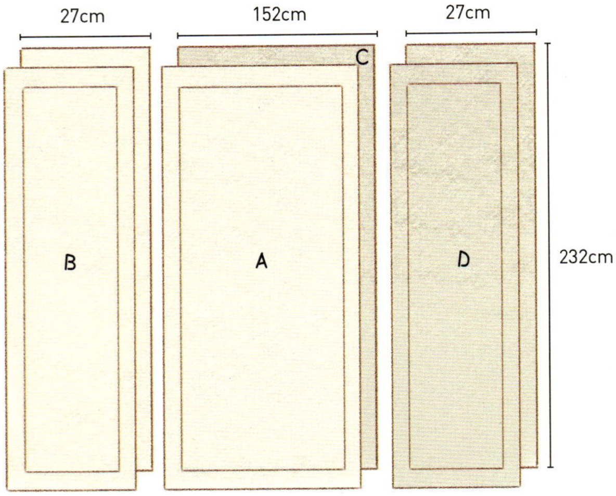

1

원단들을 각각 시접 1cm씩 여분을 두어 재단합니다.

2

A와 B를 순서대로 겉끼리 맞대어 박음질한 후, 시접을 가름솔해 다림질해 앞판을 만들어 줍니다(C와 D 역시 동일한 방법으로 만들어 주세요).

3

앞판 겉면의 가름솔한 부분을 상침합니다.

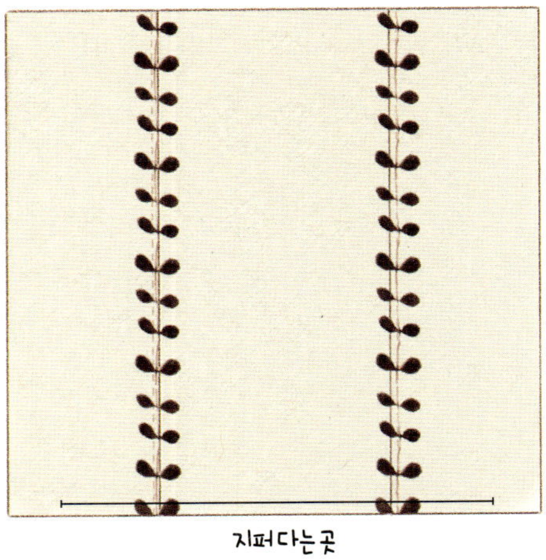

4

상침한 부분에 스텐실 기법으로 무늬를 넣어줍니다.

★ 스텐실 기법은 160p를 참고하세요.

5

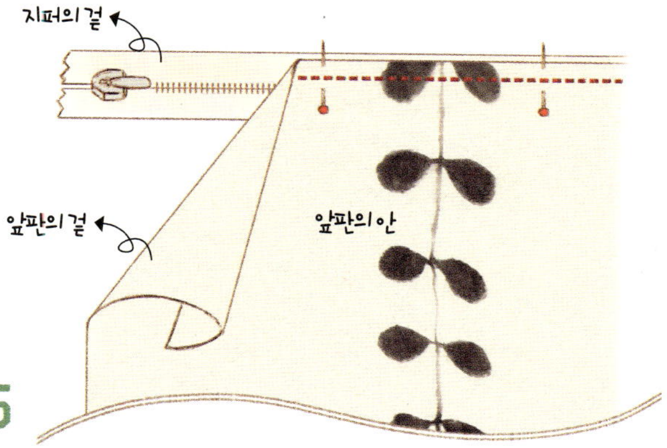

앞판의 겉면 위에 지퍼의 겉이 마주보도록 올려 그림과 같이 지퍼의 한쪽을 박음질합니다.

6

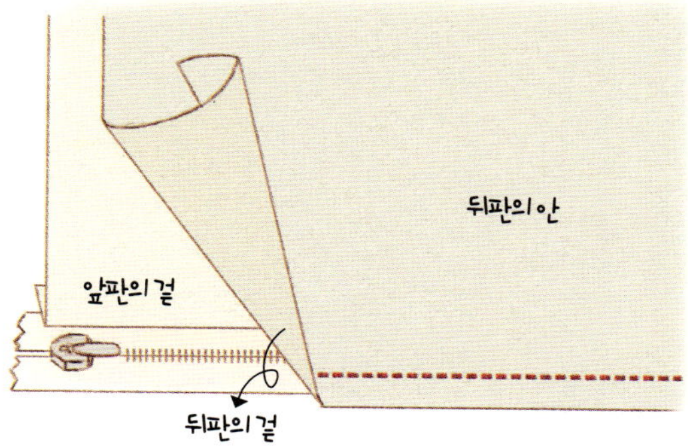

지퍼의 나머지 한쪽 역시 뒤판의 겉면 위에 올려 박음질해 이어줍니다.

★ 지퍼는 수면에 방해가 되지 않도록 아랫부분에 다는 것을 추천합니다.

7

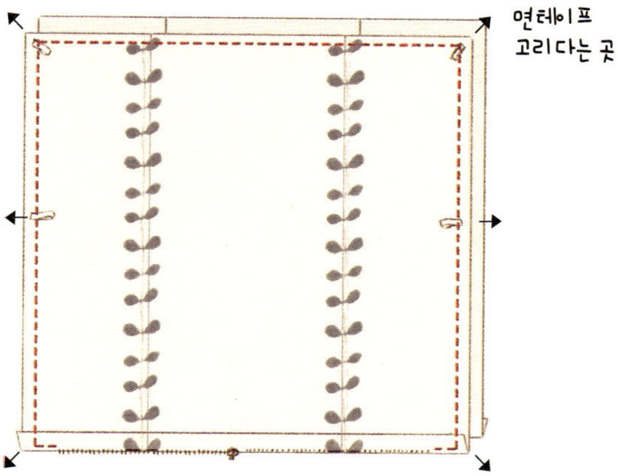

앞판의 안쪽 모서리 부분에 이불솜을 연결해 줄 고리를 면 테이프로 만들어 고정해둡니다. 지퍼를 반쯤 열어둔 후 앞판과 뒤판을 겉끼리 맞대어 나머지 부분을 모두 박음질합니다.

8

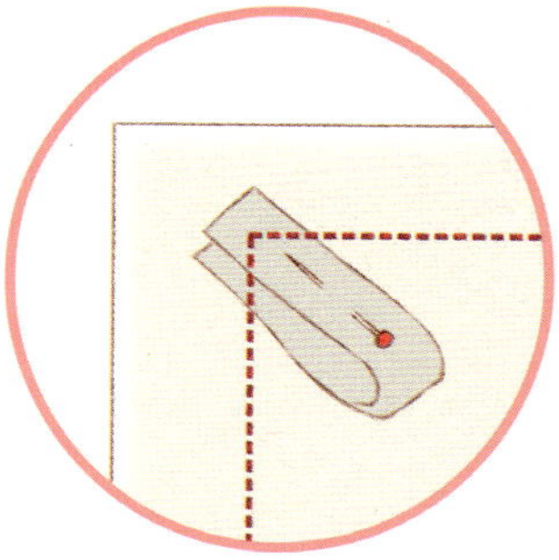

이때 고리의 여밈 부분도 함께 박음질합니다.

9

완성된 이불 커버와 이불솜을 면 테이프로 묶어준 후, 뒤집으면 완성!

핀란드
디자인
산책
PARIS
LONDON

SEWING ITEM. 26

알로하, 하와이안 커튼

살짝 열어둔 창으로 바람이 살랑 불어 들어옵니다.
바람결에 살포시 춤을 추는 커튼의 레이스 끝단을 바라보고 있노라면
어느새 하와이 바닷가의 어느 작은 식당 속에 있는 듯합니다.
커튼 너머로 옅은 무지개와 반짝이는 바다, 귀여운 야자수가 아른거려요.
그렇게 창가에 나만의 작은 하와이를 만들어 봅니다.

알로하, 하와이안 커튼

완성 사이즈 • 116cm×150cm

준비물 • **A** 스트라이프 리넨 원단 118cm×75cm 1장, **B** 물결무늬 원단 118cm×50cm 1장, 면 레이스 118cm×20cm 1개, 토숀 레이스 폭 2cm×118cm 1개, 폭 5cm×118cm 1개

난이도 • ★★★☆☆

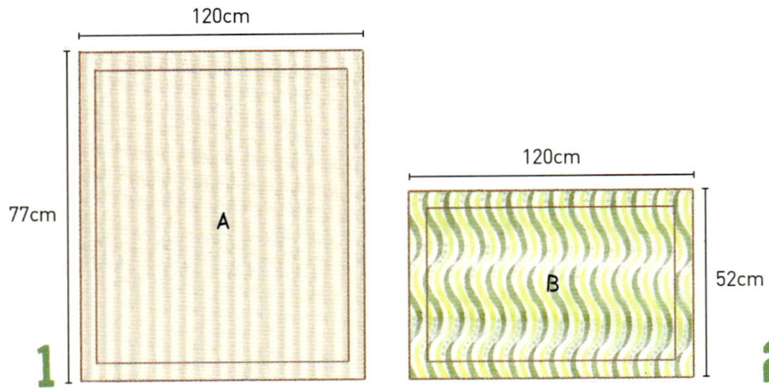

1 A, B 원단을 각각 시접 1cm씩 남기고 재단합니다.

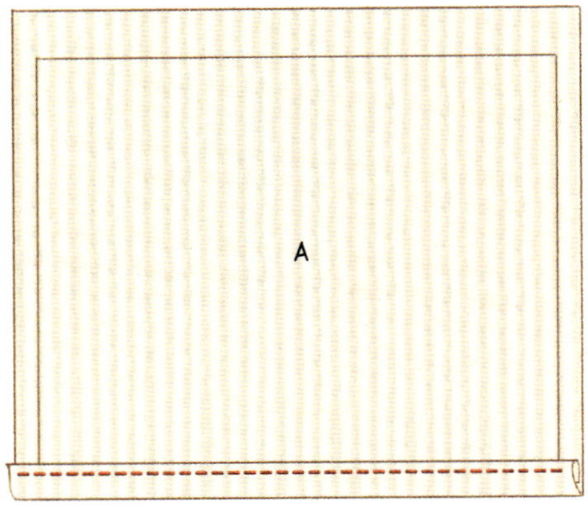

2 A의 하단을 0.5cm씩 두 번 접어 박음질합니다.

★ 재봉틀 사용 시 말아박기 노루발을 이용하면 편리합니다.

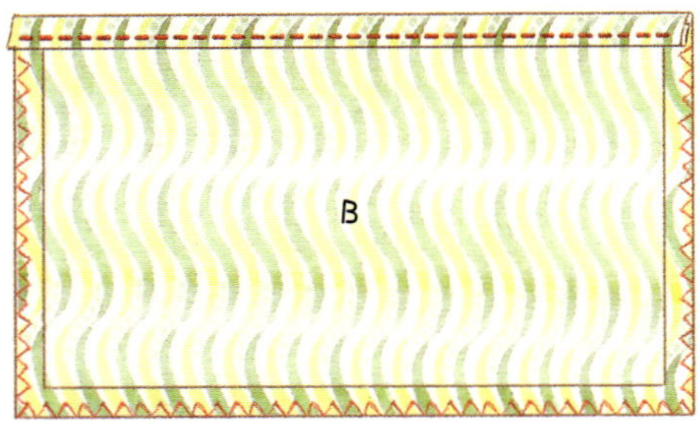

3 A와 연결될 B의 윗부분은 0.5cm씩 두 번 접어 박음질하고, 나머지 3면은 오버로크 처리해 줍니다.

★ 오버로크 처리가 불가능할 경우, 손으로 휘갑치기 해주세요. (26p 참고)

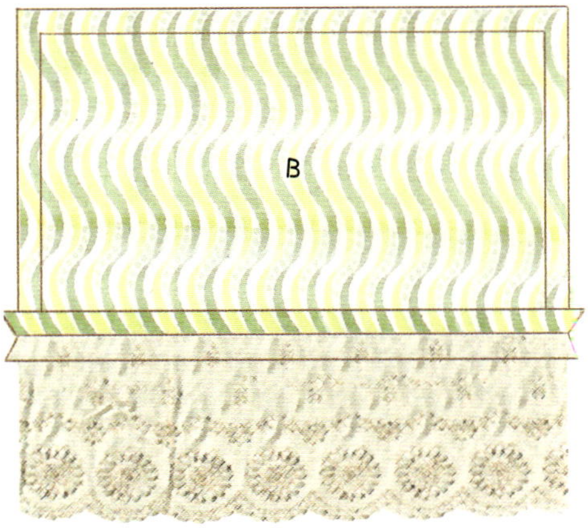

4 오버로크 처리가 된 B의 하단에 면 레이스를 달아줍니다.

5

B와 면 레이스 사이에 폭 2cm의 토숀 레이스를 박음질해 경계 부분을 자연스럽게 가려줍니다.

6

폭 5cm의 토숀 레이스 양쪽에 각각 A와 B의 말아박기한 부분을 박음질해 연결합니다.

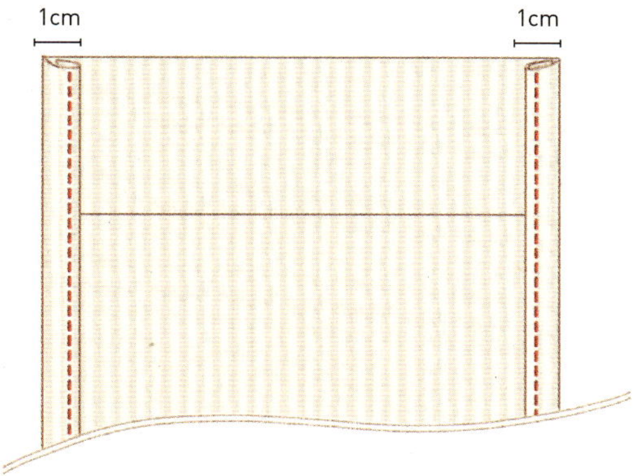

7

모든 레이스와 원단이 이어졌습니다. 양쪽 측면의 시접을 1cm씩 두 번 접어 박음질합니다.

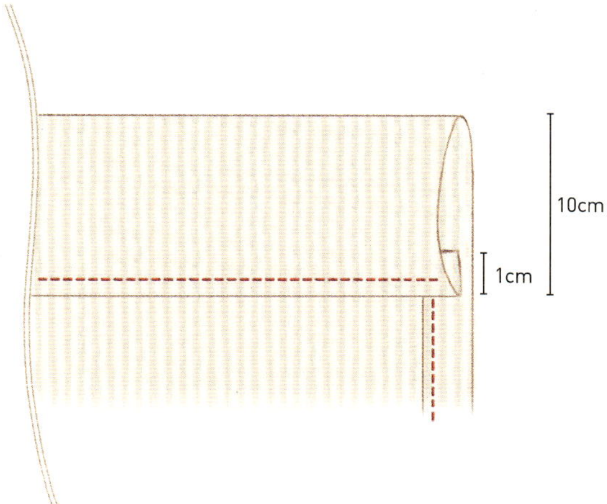

8

상단의 시접 1cm를 한 번 접은 후, 커튼 봉이 들어갈 수 있도록 다시 10cm를 접어 끝부분을 박음질하면 완성!

SPECIAL TIP

스텐실 활용하기

스텐실이란, 종이에 그림을 그린 후 그 부분을 잘라 구멍을 뚫어 그 위에 잉크나 물감을 톡톡 두들겨 색을 채워주는 기법을 말합니다. 패브릭에 이런 스텐실 기법을 활용하면 유니크한 작품이 탄생된답니다. 패브릭용 잉크를 사용하여 스텐실 기법을 활용해 볼까요!

준비물 • 원단, 도안, 패브릭용 잉크, 코팅지, 스펀지 혹은 스텐실용 붓, 가위, 칼, 자, 패브릭용 펜

재료를 준비합니다.

A4용지에 도안을 직접 그리거나 프린트합니다.

도안을 코팅지를 이용해 코팅합니다. 접착제가 묻은 쪽을 그림이 그려진 쪽으로 붙여주세요.

코팅된 도안을 칼과 가위를 이용해 잘라냅니다.

도안을 자를 때는 도안의 모양을 파낸다는 느낌으로 잘라주는 것이 중요합니다.

도안과 함께 스텐실 할 원단과 재료를 준비합니다.

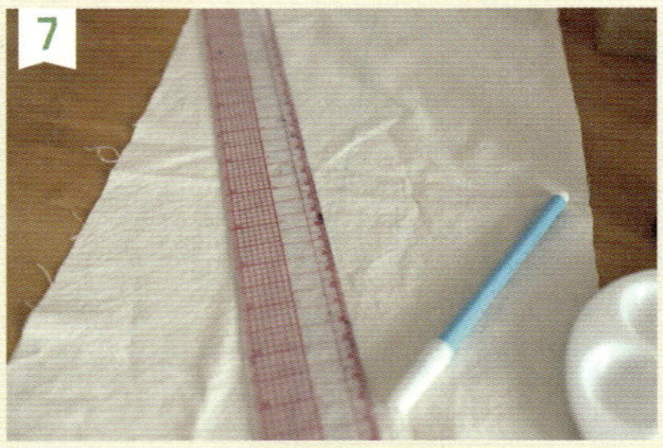

자와 패브릭용 펜을 준비해 주세요.

스텐실을 할 원단에 도안의 위치와 중심선을 패브릭용 펜으로 표시해 둡니다.

패브릭용 잉크를 준비해 주세요.

스펀지는 사용하기 편리하도록 알맞게 잘라주세요.

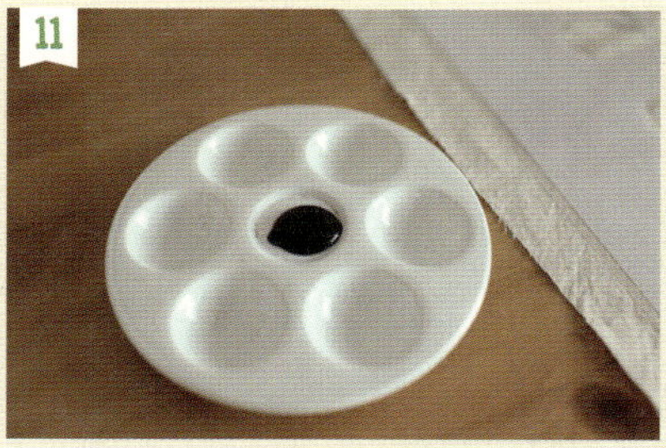

팔레트에 패브릭용 잉크를 적당량 덜어줍니다.

스펀지에 잉크가 골고루 묻을 수 있도록 팔레트에서 양을 조절해 줍니다.

도안을 천 위에 고정시킨 뒤 톡톡 두들겨 잉크를 채워줍니다.

전체적으로 잉크를 칠해줍니다.

색을 다 칠한 후 천에서 도안을 천천히 제거해 주세요.

길게 연결되는 패턴의 경우, 미리 표시해 둔 중심선에 맞춰 도안을 고정시켜 작업합니다.

고정된 도안 위로 11번~16번과 같은 방법으로 채색 작업을 반복합니다.

칠해진 잉크를 말린 뒤 사용하지 않는 원단으로 덮어 다림질로 마무리합니다.

이렇게 스텐실 기법을 이용해 제작된 원단을 침구류, 쿠션, 에코백 등을 만들 때 활용해 보세요.

CHAPTER 6

맑은 날의 외출

SEWING ITEM. 27

캔디팝 동전지갑

말랑한 젤리처럼 귀여운 콩 단추와
사르르 녹을 것만 같은 매시 리본으로 포인트를 준
달콤한 캔디팝 동전 지갑을 소개할게요.
한 손에 쏘옥 들어오는 사이즈로
여기저기 굴러다니는 동전들을 한데 모아두기 딱 좋아요!

도안OK

캔디팝 동전지갑

완성 사이즈 • 12cm×12cm

준비물 • **A** 꽃무늬 패치 원단 4.5cm×5.5cm 8장, **B** 핑크 체크 원단 12cm×12cm 2장, **C** 주머니용 핑크 꽃무늬 원단 12cm×7cm 1장, **D** 주머니용 핑크 체크 원단 12cm×7cm 1장, **E** 바닥용 핑크 체크 원단 23cm×1.5cm 1장, **F** 안감 바닥용 베이지 도트 원단 23cm×1.5cm 1장, **G** 안감용 베이지 도트 원단 12cm×12cm 2장, 겉감용 2온스 접착솜 12cm×12cm 2장, 바닥용 2온스 접착솜 23cm×1.5cm 1장, 주머니용 2온스 접착솜 12cm×7cm 1장, 지퍼 15cm 1개, 핑크 체크 바이어스 테이프 4cm 2개, 토숀 레이스 23cm, 매시 리본, 콩 단추

난이도 • ★★★★★

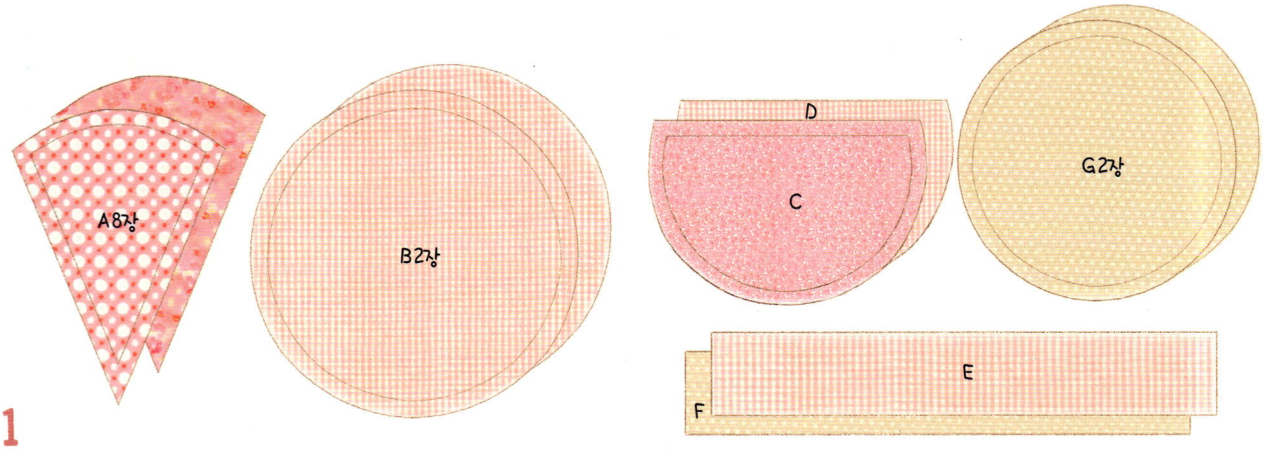

1

원단들을 각각 도안에서 시접 1cm씩 여분을 두어 재단합니다.

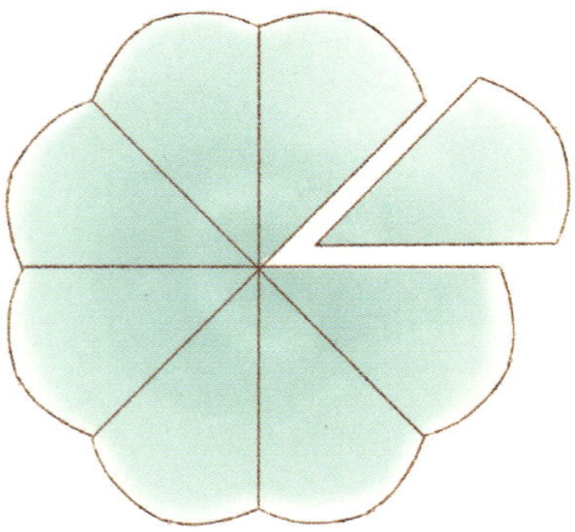

2

A 패치 도안을 종이에 옮겨 그린 후 잘라줍니다.

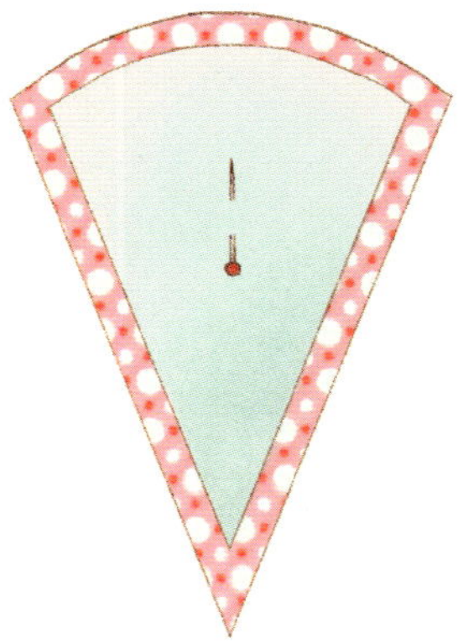

3

A 위에 잘라낸 패치 도안 종이를 올린 후 시침핀으로 고정합니다.

4

사방의 시접을 안쪽으로 접어 다림질하고, 둥근면의 시접은 시침질해서 주름을 만들어가며 접어주면 시접을 매끈하게 접을 수 있습니다.

5

8개의 A 모두 사방의 시접을 다림질한 후, 하나씩 옆선에 맞춰 공그르기로 이어줍니다.

6

꽃이 완성되었습니다.

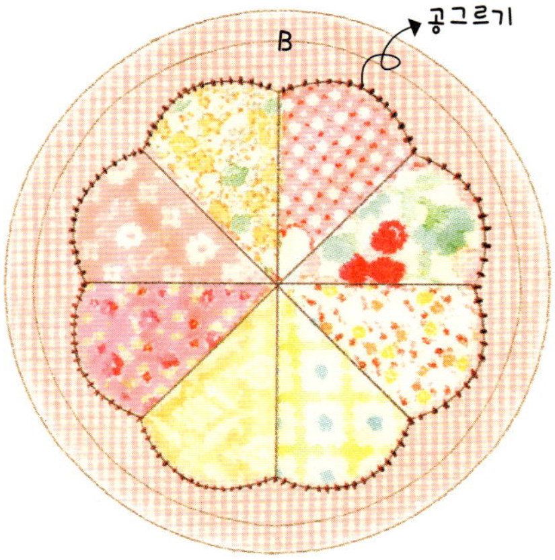

7

완성된 꽃을 B의 겉면 중앙에 올리고, 가장자리를 공그르기 해 앞판을 만들어 줍니다.

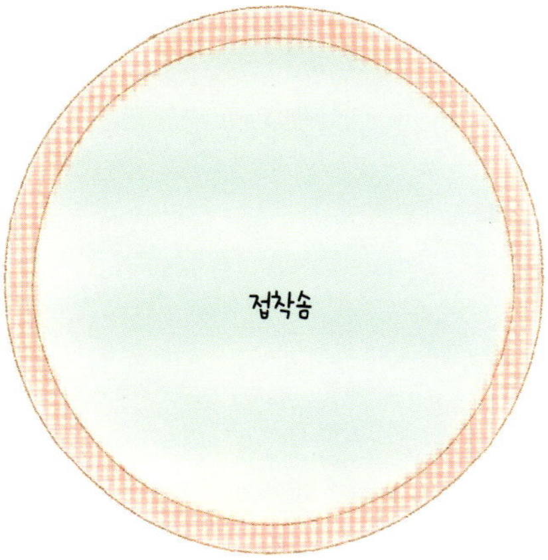

8

앞판의 안쪽에는 접착솜을 붙여줍니다.

9

C의 안쪽에도 접착솜을 붙여줍니다.

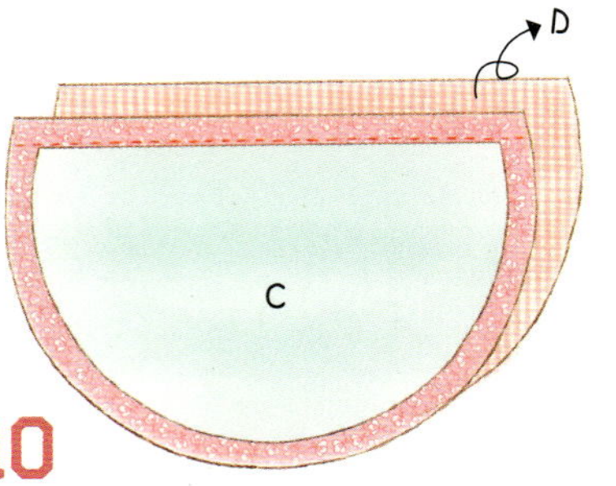

10

C와 D를 겉끼리 마주보게 포갠 후, 상단의 직선 부분만 박음질해 이어줍니다.

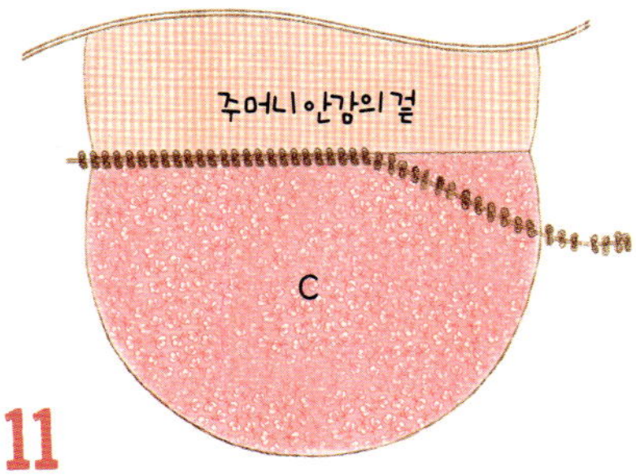

11

C와 D가 겹치지 않도록 펼친 뒤, 이음선에 작은 사이즈의 토숀 레이스를 박음질해 경계를 자연스럽게 가려줍니다. 이때 레이스는 C쪽으로 0.2mm정도 내려 박음질합니다.

12

반으로 접은 후 다림질하면 주머니가 완성됩니다.

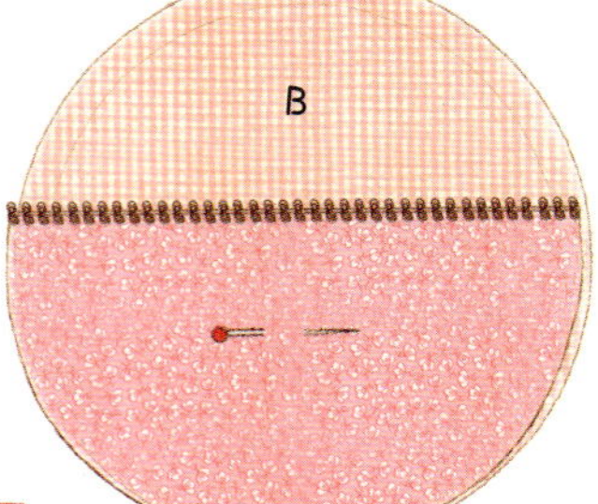

13

재단해 놓은 B에 만들어 놓은 주머니를 시침핀으로 고정시켜 뒤판을 만들어 줍니다.

14

뒤판의 안쪽에는 접착솜을 붙여줍니다.

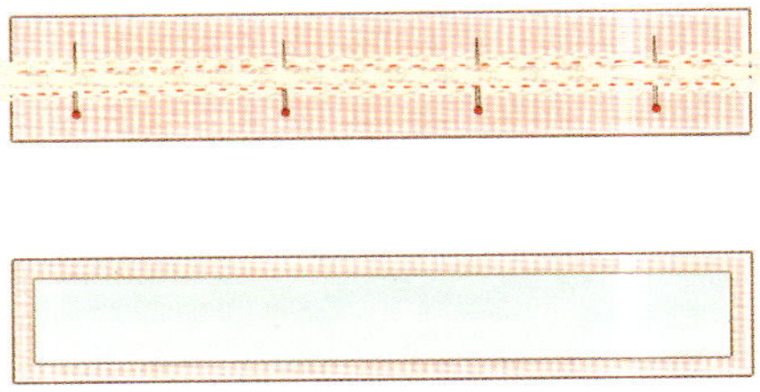

15

E의 겉면 중앙에 토숀 레이스를 고정시킨 후 박음질하여 바닥판을 만들고, 안쪽에 접착솜을 붙여줍니다.

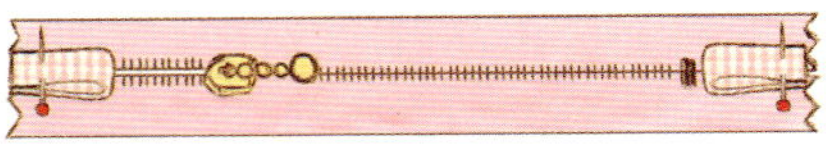

16

바이어스 테이프 2개를 반으로 접어 그림처럼 지퍼의 양쪽 끝에 놓고, 접힌 부분이 지퍼쪽으로 향하도록 시침핀으로 고정합니다(지퍼를 여닫기 쉽도록 손잡이 역할을 해줘요).

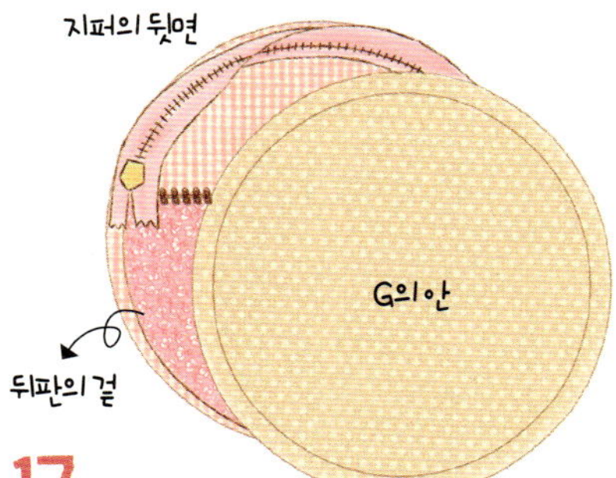

17

그림과 같이 뒤판의 겉과 지퍼의 뒷면, 안감의 안이 위로 보이도록 순서대로 포개어 시침핀으로 고정합니다.

18

지퍼의 길이에 맞춰 반원을 그리며 박음질합니다. 반대쪽 지퍼 역시 앞판과 안감을 겹쳐 17번과 같은 방법으로 박음질하면, 앞판과 뒤판에 안감까지 지퍼에 달린 상태가 됩니다.

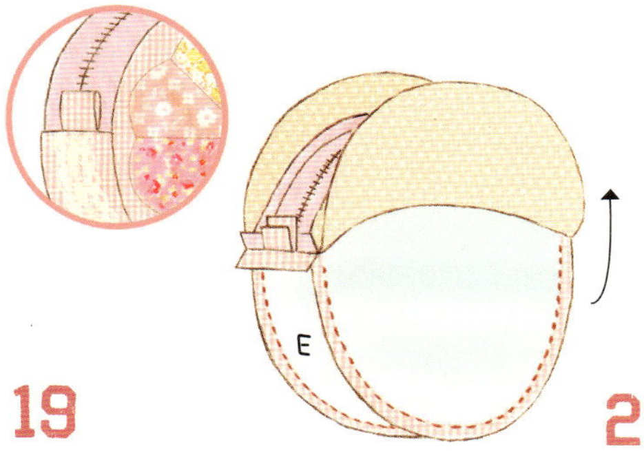

19

안감을 지퍼 쪽으로 들어 올려 겉감과 안감을 분리한 뒤, 앞판과 뒤판 사이에 15번에서 만든 E를 시침핀으로 고정시킨 후 박음질해 이어줍니다. 이때 지퍼의 양쪽 끝도 함께 박음질합니다.

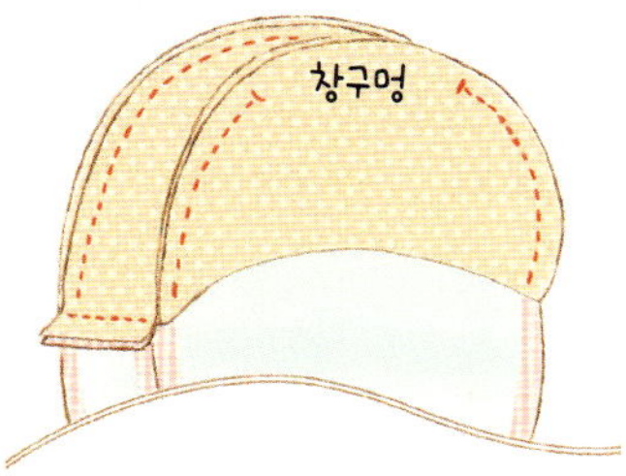

20

안감이 지퍼 쪽으로 들어 올려진 상태에서, 안감 바닥인 F를 앞판과 뒤판 사이에 시침핀으로 고정한 뒤 돌아가며 박음질합니다. 이때 창구멍을 꼭 남겨두세요!

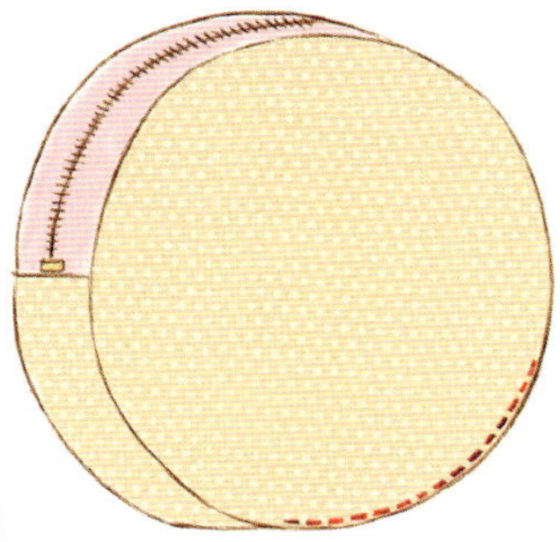

21

창구멍으로 뒤집은 후 공그르기로 창구멍을 막아줍니다.

22

매시 리본과 콩단추로 장식해 주면 완성!

SEWING ITEM. 28

카드 케이스

자주 사용하는 교통카드나 주민등록증 등은 손이 닿기 쉬운 곳에 두는 게 좋죠!
예쁜 카드 케이스를 만들어 가방 속에 넣어두면 보관하기도 쉽고 사용하기도 무척 편리하답니다.
작은 사이즈라 만들기도 간단해 선물하기에도 참 좋아요.

카드 케이스

완성 사이즈 • 6.5cm×10.5cm

준비물 • **A** 리넨 원단 6.5cm×10.5cm 2장, **B** 주머니용 그린 플라워 원단 6.5cm×7cm 1장, **C** 주머니용 리넨 원단 6.5cm×7cm 1장, 2온스 접착솜 6.5cm×10.5cm 1장, 6.5cm×7cm 1장, 토숀 레이스 9cm 1개, 열쇠고리, 자수 면 테이프 6cm

난이도 • ★★☆☆☆

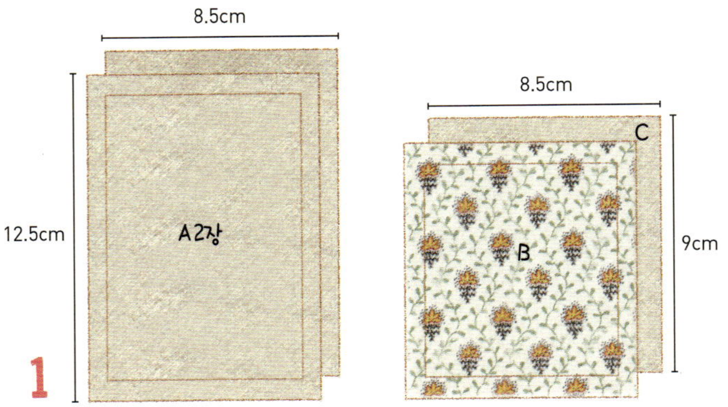

1 원단들을 각각 시접 1cm씩 여분을 두어 재단합니다.

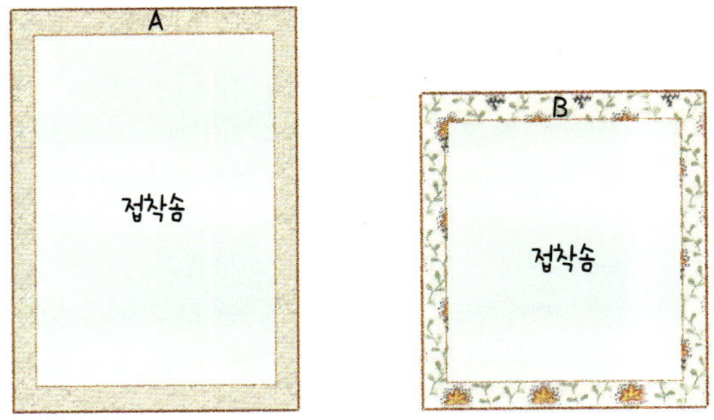

2 A의 2장 중 1장과 B의 안쪽에 접착솜을 붙여줍니다.

3 B와 C를 겉끼리 마주보게 포개어 상단을 박음질합니다.

4 B와 C를 펼치고 시접은 가름솔 해 다림질합니다.

5

반으로 접어 상단을 상침하면 주머니가 완성 됩니다.

6

접착솜을 붙인 A의 겉면 상단에 레이스를 완성선 아래로 떨어지도록 시침핀으로 고정한 후 박음질합니다.

7

만들어 놓은 주머니를 A의 겉면 위에 올려둔 후, 자수 면 테이프를 반을 접어 A의 상단 중앙에 시침핀으로 고정해둡니다.

8

그 위에 나머지 A 1장을 겉끼리 마주보게 포갠 후, 창구멍만 남기고 전체를 박음질합니다.

8

창구멍으로 뒤집은 후, 공그르기 해 창구멍을 막아줍니다. 가장자리에서 3mm 정도 여유를 두고 돌아가며 상침하면 완성!

SEWING ITEM. 29

행복한 코끼리 에코백

일회용 비닐봉지나 종이가방 대신 에코백을 들어 보세요.
지구를 생각하는 작은 실천이 모두가 함께 웃을 수 있는 행복한 세상을 만들어 줄 거예요.

행복한 코끼리 에코백

완성 사이즈 • 38cm×40cm

준비물 • **A** 그레이 코끼리 원단 38cm×43cm 2장, **B** 안감용 광목 원단 38cm×40cm 2장, **C** 가방 끈용 그레이 원단 50cm×8cm 2장, **D** 안감 주머니용 광목 원단 12cm×12cm 1장

난이도 • ★★★☆☆

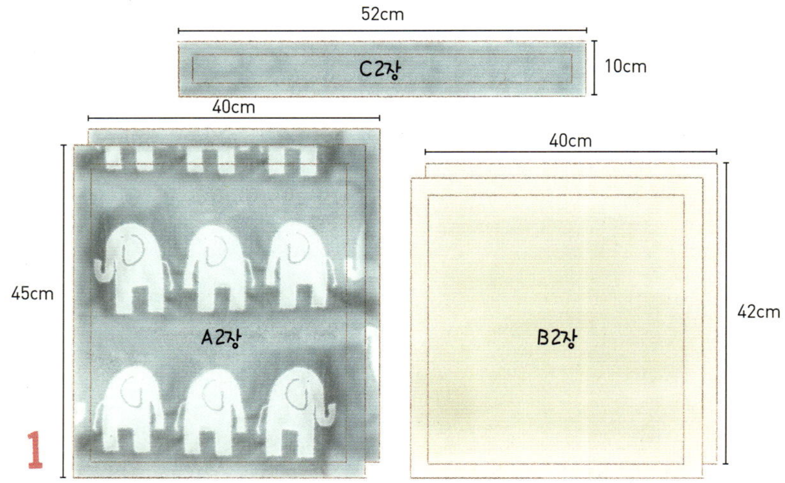

1 A, B, C 원단을 각각 시접 1cm씩 여분을 두어 재단합니다.

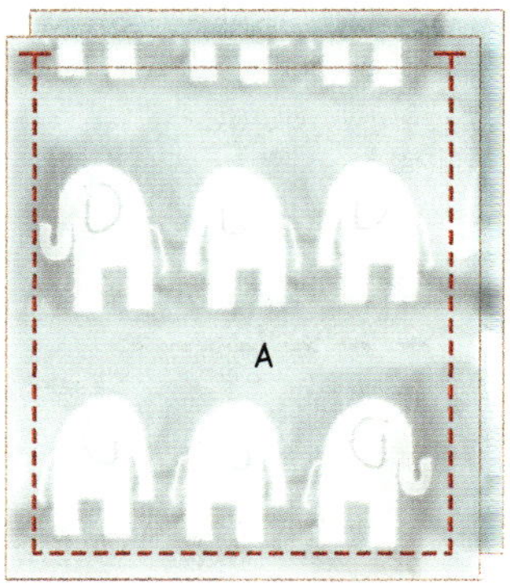

2 A를 겉끼리 마주보게 포갠 후 상단을 제외한 나머지 3면을 박음질합니다.

3 그림을 참고하여 바닥면이 생기도록 세워줍니다. 이때 시접은 가름솔합니다.

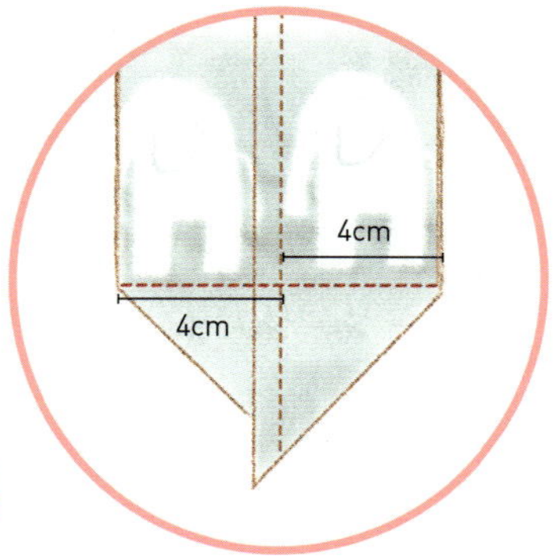

4 옆선과 바닥의 중심선이 일자가 되도록 겹친 후, 옆선을 기준으로 직각을 맞춰 양쪽으로 4cm씩 간격을 두어 박음질하면 겉감이 완성됩니다.

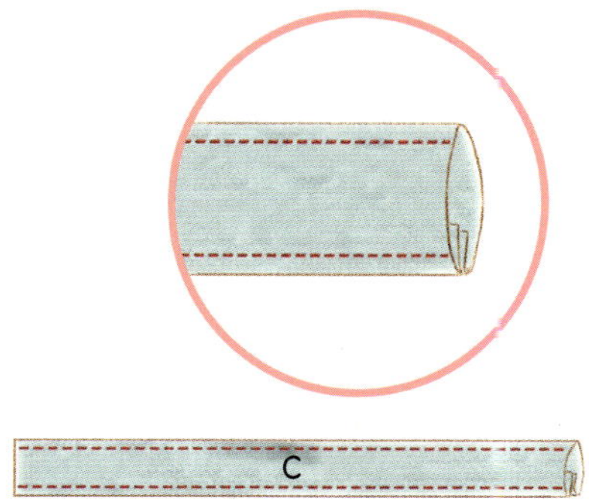

5 C는 시접을 안쪽으로 접어 다림질하고, 반을 접어 다시 한 번 다림질한 후 가장자리에서 3mm 정도 간격을 두고 양쪽 모두 박음질하면 가방 끈이 완성됩니다. 같은 방법으로 하나 더 만들어 주세요.

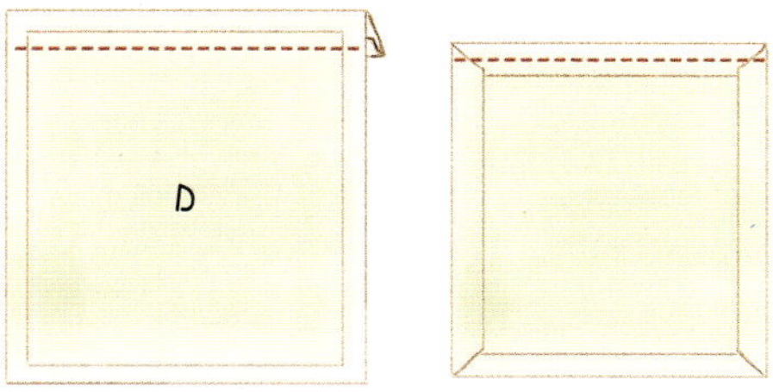

6

D는 도안에서 시접 1cm 여분을 두어 재단하고, 상단을 0.5cm씩 두 번 접어 박음질한 후, 나머지 3면의 시접은 안으로 접어 다림질해 고정합니다.

★ 재봉틀 사용 시 말아박기 노루발을 이용하면 편리합니다.

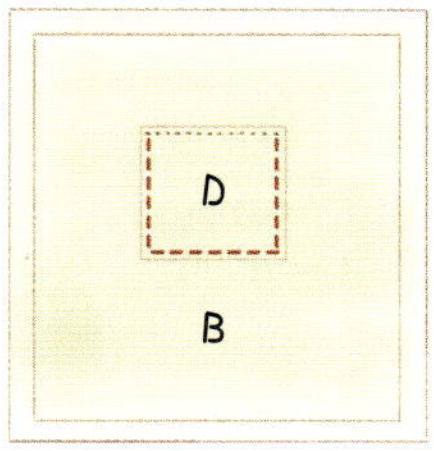

7

6번에서 만든 D를 B의 겉면 중앙에 놓고 상단을 제외한 나머지 3면을 박음질해 주머니를 만들어 줍니다.

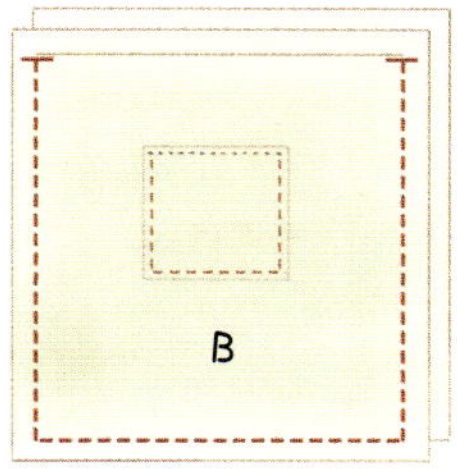

8

B를 겉끼리 마주보게 포갠 후, 상단을 제외한 나머지 3면을 박음질합니다.

9

바닥이 생기도록 3번과 같은 방법으로 옆선을 세워 박음질하면 안감이 완성됩니다.

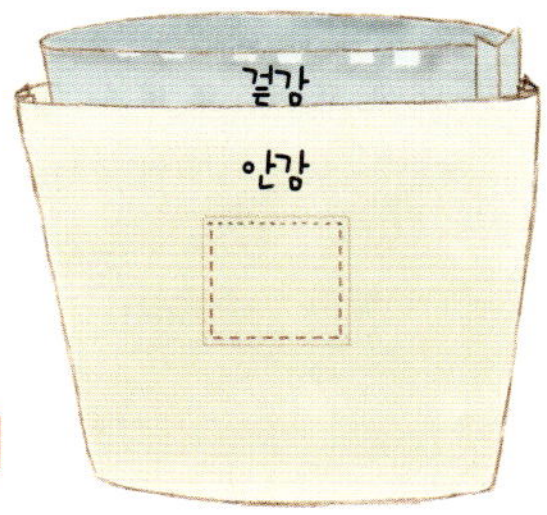

10

안감과 겉감의 안끼리 마주보게 포갠 후, 상단 입구 부분을 시침핀으로 움직이지 않게 고정시켜 줍니다.

11

겉감의 상단 시접을 1cm정도 접어 다림질로 고정시켜 줍니다.

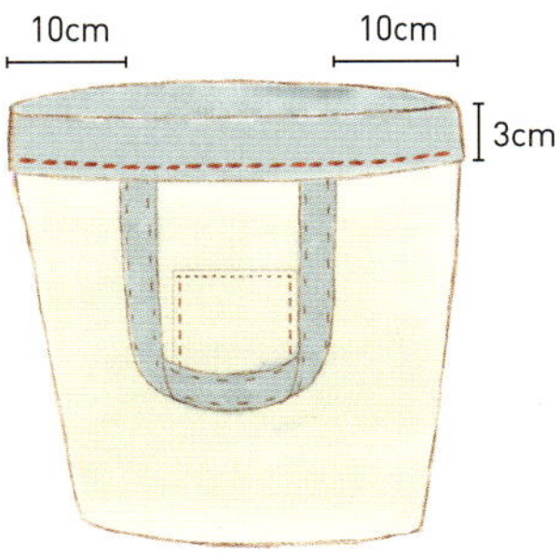

12

안감과 겉감의 시접 사이에 가방 끈을 양쪽 모두 고정시켜 준 다음, 3cm정도 시접을 접어 덮은 뒤 상단을 돌아가며 박음질합니다.

13

가방 끈이 위로 향하도록 접어준 뒤, 가방 끈과 몸판이 연결된 부분을 그림처럼 X를 그리며 박음질하면 완성!

SEWING ITEM. 30

DSLR 파우치

사진 찍기를 좋아하시나요? 저는 늘 카메라를 주변에 두고 지낸답니다.
하지만 예민한 전자기기라 사용과 보관에 항상 신경이 쓰이곤 하죠.
사용하지 않을 때도 예쁘게 보관하고, 야외에 나갈 때도
카메라를 보호할 수 있도록 DSLR 파우치를 만들어 보았어요.
충격과 흠집으로부터 카메라를 안전하게 보관하기 위해
도톰한 접착솜과 바닥에 패드를 사용하는 것이 포인트예요!

도안OK

DSLR 파우치

완성 사이즈 • 가로 17cm×세로 10cm×높이 19cm

준비물 • **A** 겉감 패치 그린 플라워 원단 28cm×10cm 1장, **B** 겉감 패치 화이트 플라워 원단 28cm×5cm 1장, **C** 겉감 패치 민트 체크 원단 28cm×20cm 1장, **D** 겉감 패치 그린 플라워 원단 28×15cm 1장, **E** 뚜껑용 나뭇잎 원단 16cm×22cm 1장, **F** 뚜껑 안감용 그린 플라워 원단 28cm×23cm 1장, **G** 덮개용 그린 플라워 원단 11cm×10cm 2장, **H** 덮개용 그린 도트 원단 11cm×10cm 2장, **I** 안감용 그린 도트 원단 28cm×50cm 1장, **J** 패드용 체크 원단 16cm×12cm 2장, 브라운 면 레이스, 웨이빙 끈 7cm 2개, 스냅 단추 1쌍, 7온스 접착솜 28cm×50cm 1장, 10cm×11cm 2장, 2온스 접착솜(패드용) 16cm×12cm 2장, D형 고리 2개, 방울솜

난이도 • ★★★★★

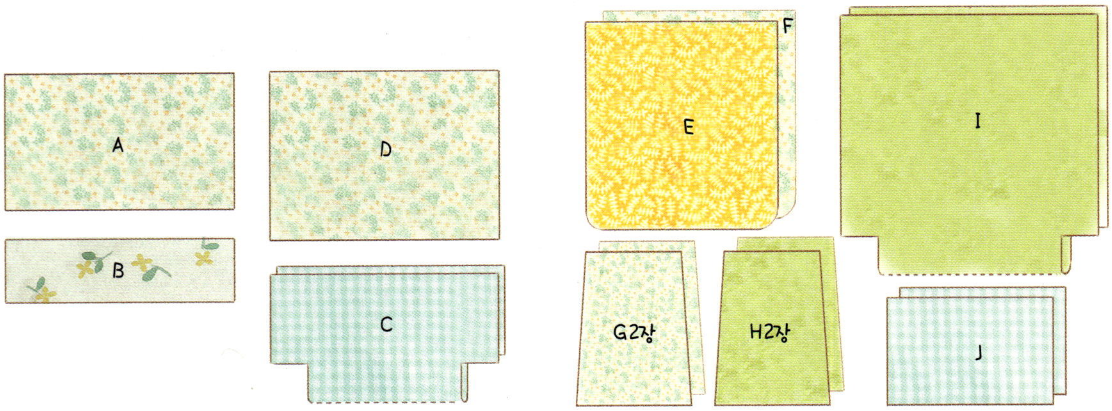

1 원단들을 각각 도안에서 시접 1cm씩 여분을 두어 재단합니다.

2 A, B, C, D를 겉끼리 맞대어 순서대로 박음질로 이어준 후, 시접을 가름솔 해 다림질합니다.

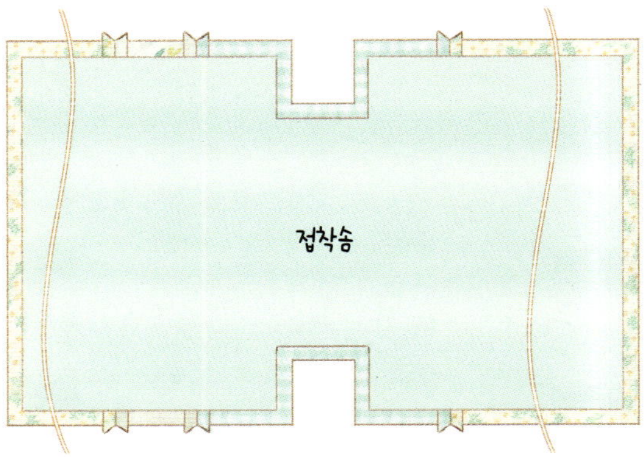

3 연결한 겉감의 안쪽에 접착솜을 붙여줍니다.

4

반을 접어 양옆선을 박음질합니다.

5

그림을 참고하여 바닥면이 생기도록 세워줍니다. 시접은 가름 솔하고, 옆선을 박음질합니다. 안감도 같은 방법으로 만들어 주세요.

6

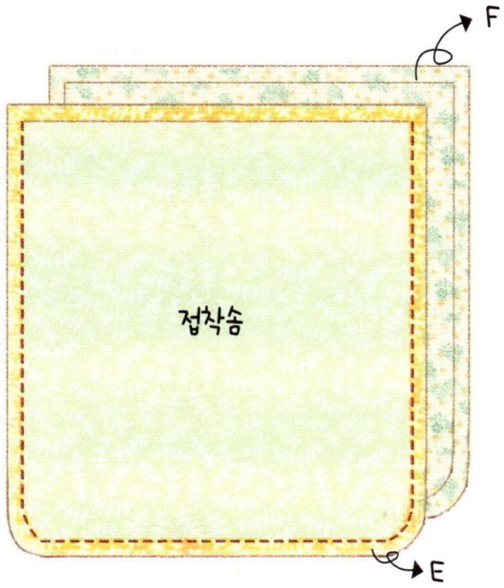

E의 안쪽에 접착솜을 붙이고, F와 겉끼리 마주보게 포갠 후 상단을 제외한 나머지 3면을 박음질합니다.

7

뒤집은 후, 테두리에 레이스를 달아주면 뚜껑이 완성됩니다.

8

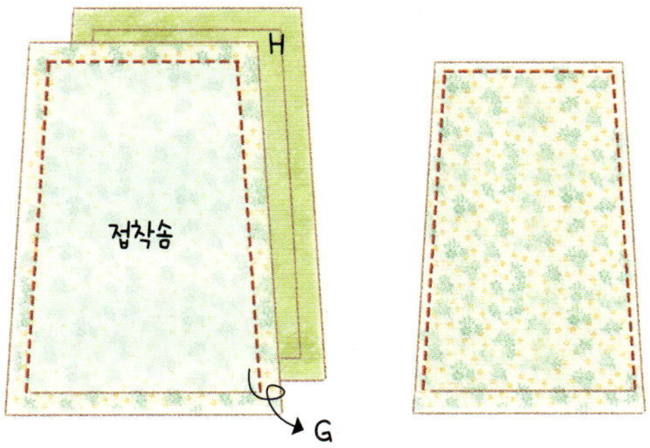

카메라를 좀 더 안전하게 보관하기 위해 입구의 뚜껑 양쪽 옆으로 덮개를 만들어 줄 거예요. G의 안쪽에 접착솜을 붙이고, H와 겉끼리 마주보게 포갠 후 하단을 제외한 나머지 3면을 박음질하면 덮개가 완성됩니다. 같은 방법으로 하나 더 만들어 주세요.

9

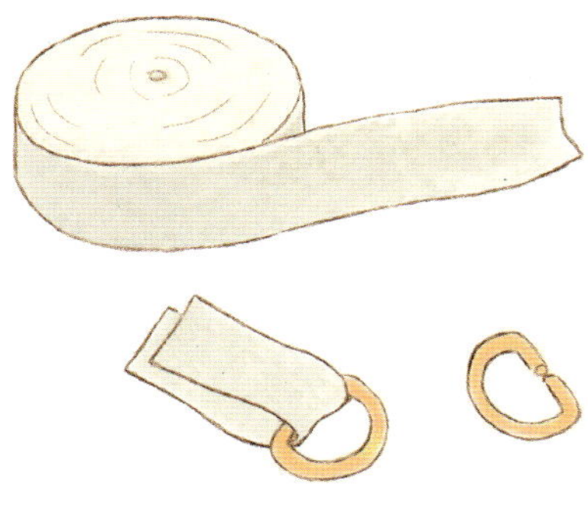

웨이빙 끈에 D링을 통과시킨 후, 반으로 접어 고리를 만들어 줍니다(2개 만들어 주세요).

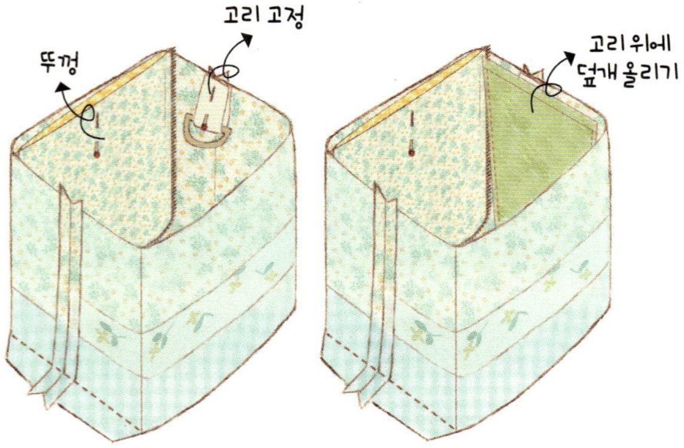

10

몸판의 겉감이 뒤집어진 상태에서 안쪽에 뚜껑을 시침핀으로 고정시킵니다. 몸판의 양옆선에 맞춰 고리 2개를 시침핀으로 고정하고, 고리 위에 덮개를 포개어 시침핀으로 고정해둡니다.

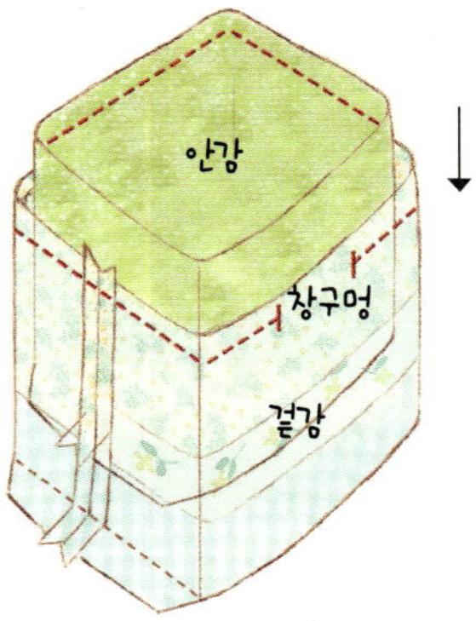

11

10번 위에 5번에서 만든 안감을 포개어 창구멍을 남기고 박음질합니다.

12

창구멍으로 뒤집은 후, 공그르기 해 창구멍을 막아줍니다. 입구 부분을 돌아가며 상침합니다.

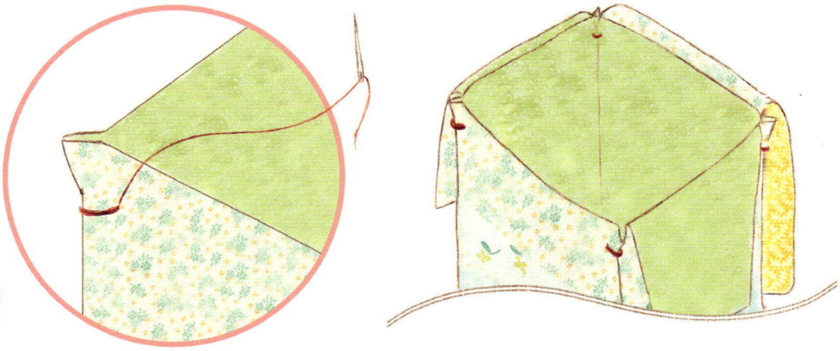

13

각 모서리에 1.5cm 아래로 바늘땀을 넣어주어 각이 살도록 만들어 줍니다.

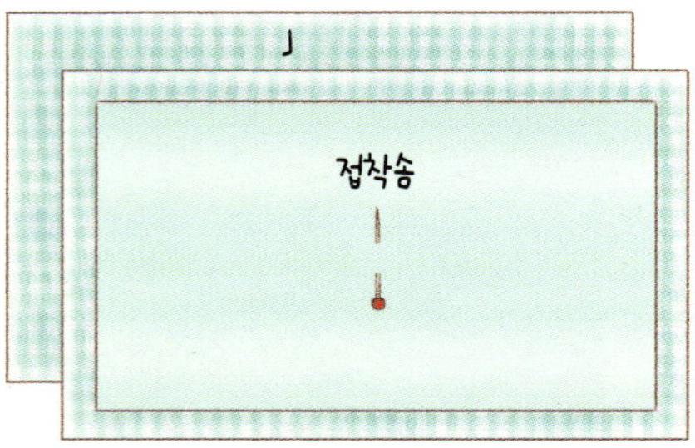

15

재단해 둔 J 2장 모두 안쪽에 접착솜을 붙여줍니다.

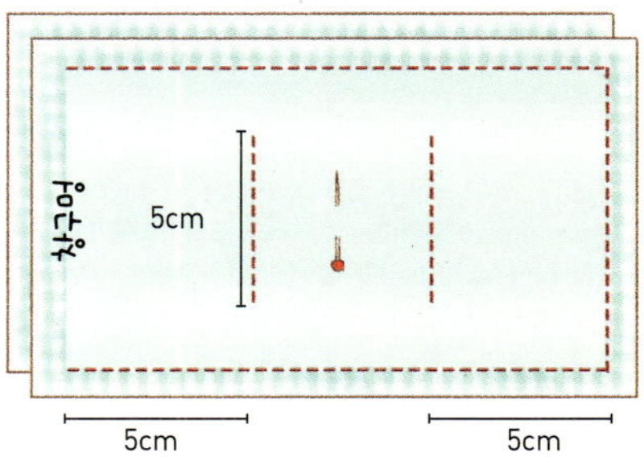

16

겉끼리 마주보게 포갠 후 창구멍만 남기고 가장자리를 들아가며 박음질하고, 그림처럼 가운데에 5cm 정도 박음질합니다.

17

겉면이 바깥으로 나오도록 창구멍을 통해 뒤집고 방울솜을 채워줍니다.

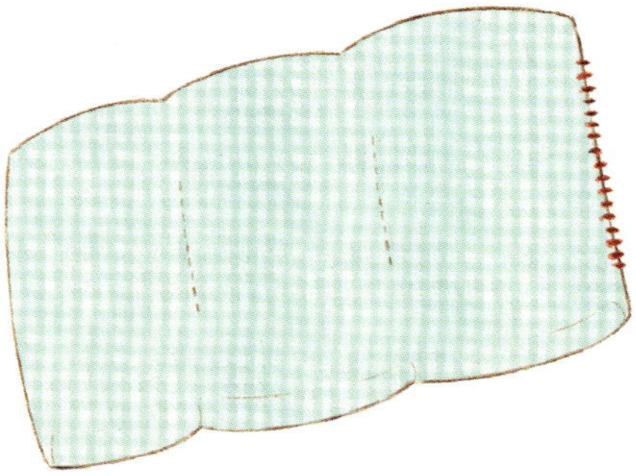

18

창구멍을 공그르기 해 막아주면 카메라 케이스의 바닥용 패드가 완성됩니다. 같은 방법으로 측면용 패드도 만들어 넣어주면 완성!

SEWING ITEM. 31

미니크로스백

지갑과 휴대폰, 열쇠만 챙겨 잠시 나서는
외출 길엔 귀여운 미니 크로스 백과 함께해 보세요.
동글동글 귀여운 디자인에 앙증맞은 사이즈,
리넨이 주는 내추럴한 느낌이 어떤 옷차림과도 잘 어울려요.

미니크로스백

도안OK

완성 사이즈 • 23cm×17cm

준비물 • **A** 리넨 원단 25cm×17.5cm 2장, **B** 뚜껑용 그레이 플라워 원단 20cm×11cm 1장, **C** 뚜껑 안감용 리넨 원단 20cm×11cm 1장, **D** 안감용 그레이 체크 원단 25cm×17.5cm 2장, **E** 가방 끈용 리넨 원단 118cm×8cm 1장, 4온스 접착솜 23cm×17cm 2장, 20cm×11cm 1장, 가방 연결 고리 1쌍, D링 2개, 브라운 면 끈 3.5cm 2줄, 자석 단추 1쌍, 토숀 레이스 폭 1.5cm×118cm 1줄

난이도 • ★★★★★

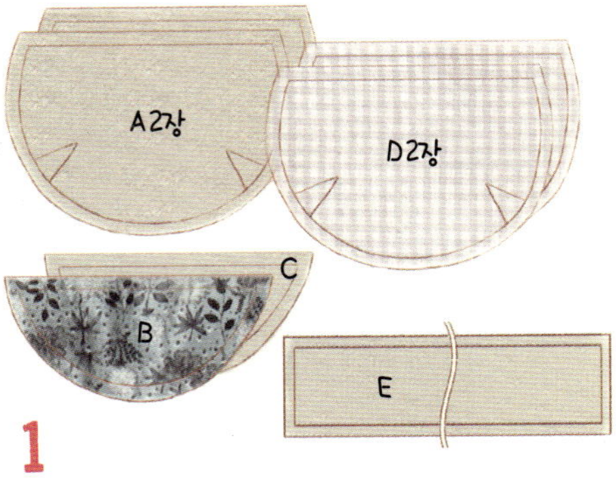

1

원단들을 각각 도안에서 시접 1cm씩 여분을 두어 재단합니다.

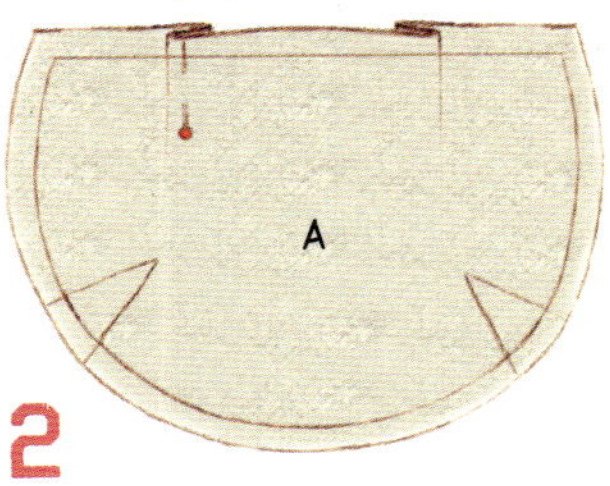

2

A 도안에 표시된 상단의 다트 부분을 접어 시침핀으로 고정한 뒤 다림질합니다.

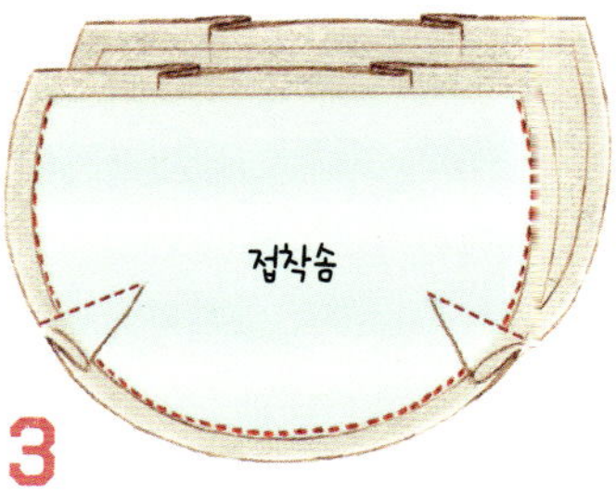

3

A의 안쪽에 접착솜을 붙이고, 입체감이 생기도록 다트를 그림처럼 A의 안쪽으로 접어 박음질합니다. 2장 모두 다트를 박음질한 후, 겉끼리 마주보게 겹쳐 상단을 제외한 둥근 부분을 박음질하면 몸판 겉감이 완성됩니다.

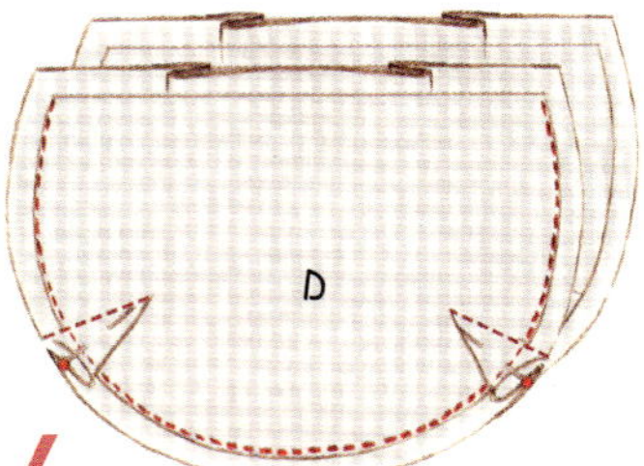

4

D의 2장 역시 입체감이 생기도록 다트을 접어 박음질하고, D 2장을 겹쳐 박음질하면 몸판 안감이 완성됩니다.

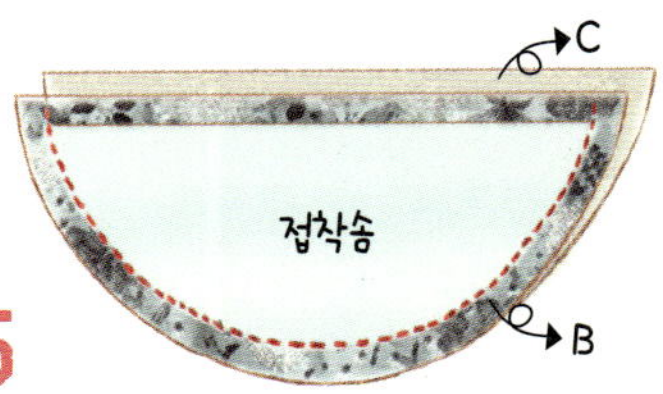

5

B의 안쪽에 접착솜을 붙이고, B와 C를 겉끼리 맞대어 둥근 부분만 박음질합니다.

6

원단의 겉이 밖으로 보이도록 뒤집어준 후, 둥근 부분을 상침합니다. 안감쪽에 자석 단추의 한쪽을 달아주면 뚜껑이 완성됩니다.

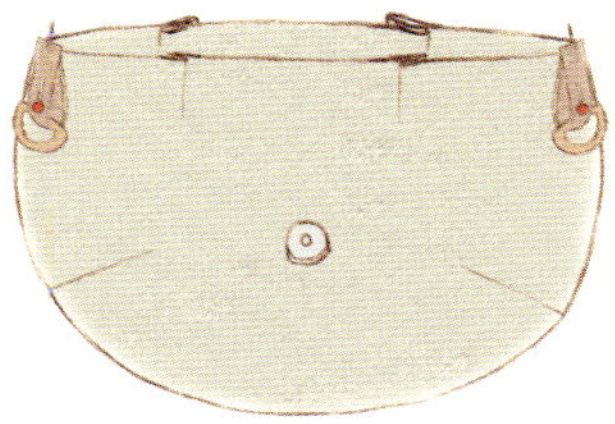

7

몸판 겉감에 자석 단추의 남은 한쪽을 달아주고, 면 끈을 반으로 접어 D형 고리를 끼운 후 양쪽 옆선에 맞춰 시침핀으로 고정해둡니다.

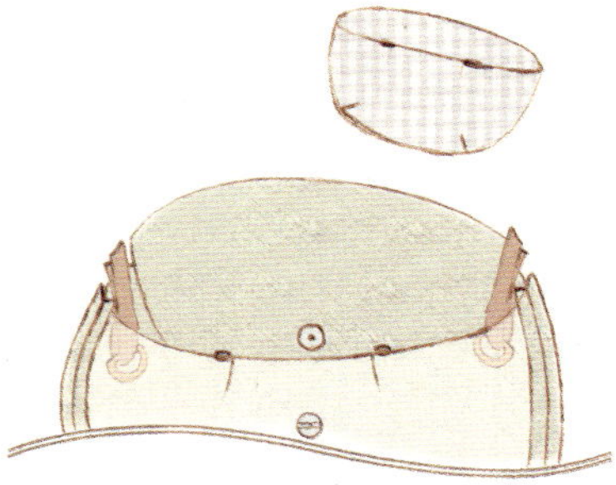

8

몸판 안감이 바깥으로 보이도록 뒤집어 줍니다. 자석 단추가 있는 맞은편으로 뚜껑과 몸판의 겉이 마주보게 포갠 후, 시침핀으로 고정합니다. 그 위로 몸판 안감과 겉감의 겉이 마주보게 포개어 줍니다.

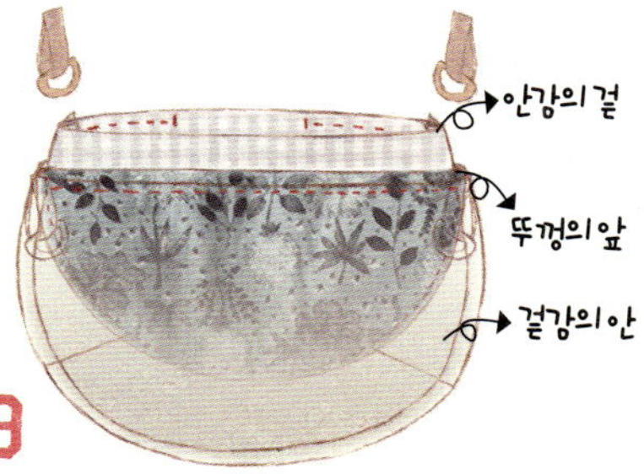

9

몸판 겉감의 시접이 바깥에서 보이도록 뒤집은 후, 몸판 안감의 겉과 뚜껑의 앞, 몸판 겉감의 안 순서로 겹쳐준 후 상단을 창구멍만 남기고 박음질합니다. 창구멍은 자석 단추가 있는 방향으로 내주세요.

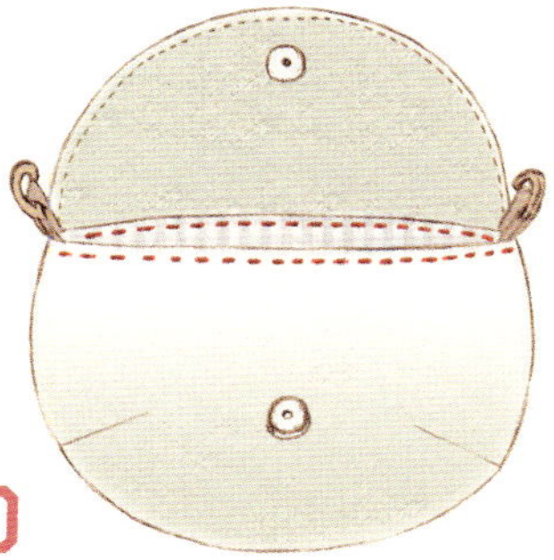

10

창구멍으로 뒤집은 후, 공그르기 해 창구멍을 막아주고 입구 둘레를 상침하여 몸판을 완성합니다.

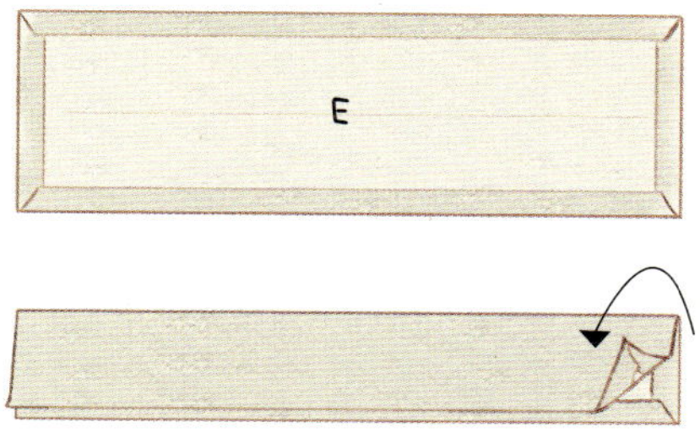

11

E의 사방 시접을 안쪽으로 접어 다림질로 고정시키고, 긴 방향으로 한 번 접어 다림질한 후 펼칩니다.

12

한쪽 면의 겉에 토숀 레이스를 시침핀으로 고정시킨 후 박음질하고. 긴 방향으로 반을 접어 양쪽 가장자리에 3mm 정도 여분을 두고 박음질합니다.

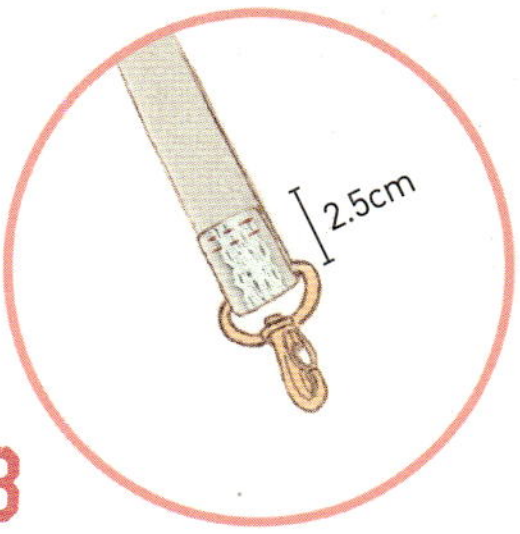

13

끈의 양쪽 끝에 가방 연결 고리를 넣어주고 끝 부분을 2.5~3cm 정도 접어 박음질합니다.

14

만들어둔 가방 끈을 D형 고리에 달면 완성!

Essay

아끼는 작은 것들

바느질, 뜨개질, 비즈 공예, 십자수, 토이 수집…….

손으로 무언가를 조물조물 만들어 내는 것과 아기자기한 것들을 무척이나 좋아하지만
누군가 내게 취미가 뭐냐고 물어오면 선뜻 대답하지 못하곤 한다.
흥미가 생겨 시작할 때에는 무척이나 열정적으로 빠져들지만
금방 시들해져서 내팽개치다시피 한 것들이 많기 때문이랄까.

그러면서도 초반에 시작할 때는 취미를 위한 각종 장비(?)들을
정식으로, 제대로 갖추는 것을 좋아해
집안에는 각종 다채로운 취미 생활의 잔해들로 발 디딜 틈이 없을 지경이다.

이사를 할 때면 혼자 사는 살림이 뭐가 이렇게도 많으냐며
이삿짐센터 직원들이 혀를 내두르실 정도였으니
많기는 많은 모양이다.

그거…….

그나마 일부는 제가 따로 옮겨두고 큰 살림들만 남겨둔 것이라고요!

이거다 싶을 만큼 꾸준히 즐기고 있는 취미는 얼마 되지 않는데
그중 하나가 바로 바느질, 그리고 미니어처 수집이다.
언제부터인가 하나씩 사다 모은 각종 소품이
이제는 단순히 장식용 소품을 넘어 수집 자체를 즐기는 취미가 되어버렸다.

알록달록 달달한 컬러의 소품이 주는 경쾌함도 좋고,
심플한 무지의 소품이 주는 간결함도 참 좋다.
그러한 것들이 어울리는 장소를 찾고, 그 공간을 조용히 채워주는 그 존재감 또한 좋다.

작은 인테리어 소품들, 귀여운 토이, 예쁜 그림책, 그리고 심플한 그릇까지.
수집하고 있는 것들도 다양한 편이고, 그 주기도 수시로 바뀌곤 하는데
그중에서도 토이와 소품 종류를 좋아해 늘 위시리스트를 채워두곤 한다.
물론 한 번 채워진 위시리스트가 비워지기까지는 많은 시간이 걸리지만…….

토이 수집은 '늦게 배운 도둑질'로 뒤늦게 적성을 찾은 느낌이랄까…….
늦게 배운 도둑질이 어찌나 재미있는지, 한동안 푹 빠져 있었다.
수집 열의가 엄청나던 시기에는 구하기 힘든 레어템(?)을 찾아
국내외 장터를 헤매기도 하고
어렵게 구한 인형들은 강아지 홍이의 시샘을 받을 정도로
예쁨을 독차지해 내게 옷까지 얻어 입기도 했었다.
꼼지락 꼼지락 손바느질로 어깨에는 퍼프를 넣어주고
하얀 앞치마에는 알록달록 십자수도 놓아주고…….
그런 정성은 진심으로 좋아할 때만 볼 수 있는, 극히 드문 부지런함이다.

어릴 적 소꿉놀이의 추억을 떠올리게 해주는 미니어처들은
그저 들여다보는 것만으로도 즐겁다.
어릴 때도 장난감 부엌살림에 그렇게도 욕심이 많았다더니,
커서도 크게 변하지는 않았나 보다.
여전히 프라이팬에 계란 프라이를 부쳐 예쁜 그릇에 옮겨 담는 것을 좋아하고,
예쁜 식기를 모으는 것이 좋으니 말이다.

요즘은 또 새로운 취미에 기웃거리는 중이다.
우쿨렐레 배우기에 빠져 있는데, 조금씩 의욕이 불타는 단계에 돌입했달까.
모든 악기 연주의 기초 곡인 모차르트의 '작은 별'을 연주했을 때의 기쁨이란!
존 덴버의 'Take me home country roads'를 완벽하게 연주하는 날까지
변덕은 금물! 포기는 김장할 때나 쓰이는 단어!

관심에는 제각각 주기가 있어,
처음부터 끝까지 한결같이 좋아 늘 함께하기도 하지만
흠뻑 빠져들어 아주 적극적으로 살피다가도
어느새 그 정도가 약해져 시들해지기도 한다.
또 어느 것에는 영원히 마음이 떠나버리기도 하고,
잠시 잊었다가도 다시 생각나 찾기도 한다.
조금 변덕이 있는 패턴이지만, 그래도 괜찮다.
그 어떤 것에도 관심이 없는
무미건조한 상태가 되어버리는 것 보다는 나은 것일 테니까.

CHAPTER 7

피크닉 데이

Paris
PARIS
CQUA PANNA
250 ml

SEWING ITEM. 32

도시락 토트백

좋은 사람들과 둘러앉아 도란도란 이야기를 나누며
함께 도시락을 먹는 일이야말로 일상의 소소한 행복이 아닐까 싶어요.
산뜻한 컬러의 도시락 토트백과 함께 즐거운 시간을 만들어 보세요!

도시락 토트백

완성 사이즈 • 28cm×16cm

준비물 • **A** 광목 원단 28cm×19cm 2장, **B** 스트라이프 원단 28cm×9cm 2장, **C** 바닥용 광목 원단 28cm×13cm 1장, **D** 앞주머니용 커트지 원단 16cm×14cm 2장, **E** 앞주머니 안감용 광목 원단 16cm×14cm 2장, **F** 옆판용 광목 원단 28cm×13cm 2장, **G** 안감 앞판용 광목 원단 28cm×28cm 2장, **H** 안감 바닥용 광목 원단 28cm×13cm 1장, **I** 안감 옆판용 광목 원단 28cm×13cm 2장, 4온스 접착솜 28cm×28cm 2장, 28cm×13cm 1장, 웨이빙 끈 69cm 2개, 자석 단추 1쌍

난이도 • ★★★★☆

1

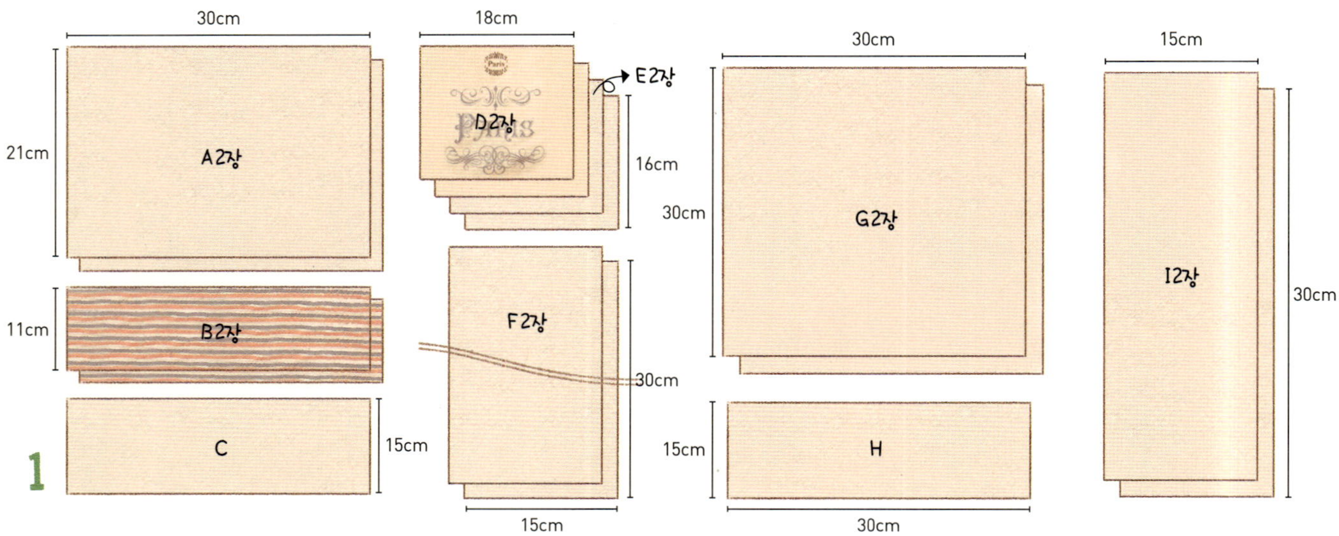

원단들을 각각 시접 1cm씩 여분을 두어 재단합니다.

2

앞주머니가 될 D와 E를 겉끼리 맞대어 상단을 박음질합니다.

3

겉면이 바깥으로 보이도록 뒤집은 후, 상단을 상침해 주머니를 완성합니다.

4

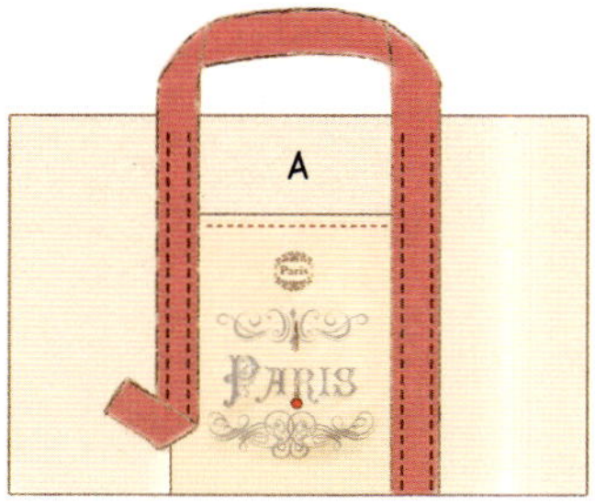

A의 겉면 중앙 아래쪽에 만들어 놓은 주머니를 시침핀으로 고정시킨 후, 그 위에 웨이빙 끈을 시침핀으로 고정합니다. 끈의 양쪽 가장자리에서 3mm 정도 여유를 두고 끈과 주머니, A를 한꺼번에 박음질합니다.

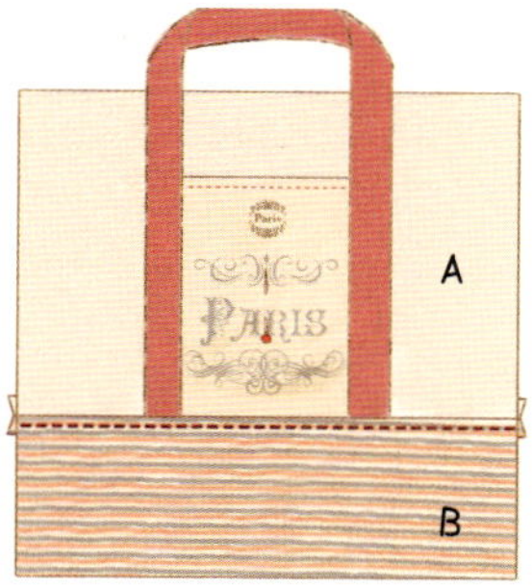

5

A의 하단에 B를 겉끼리 맞대어 포갠 후 박음질해 이어줍니다.

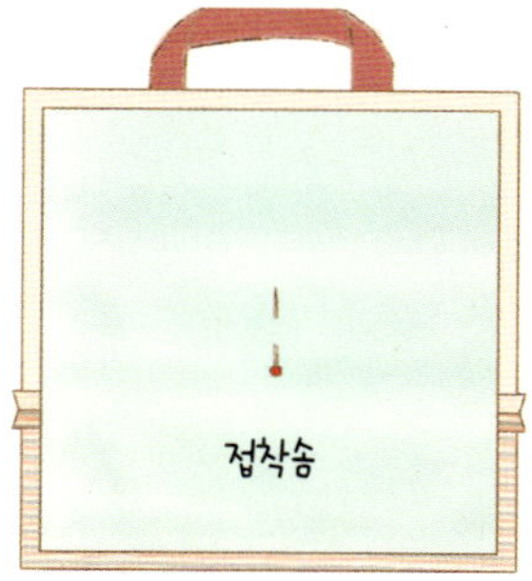

6

시접은 가름솔한 후, 접착솜을 붙여줍니다. 2번~6번의 방법으로 몸판을 1장 더 만들어 주세요.

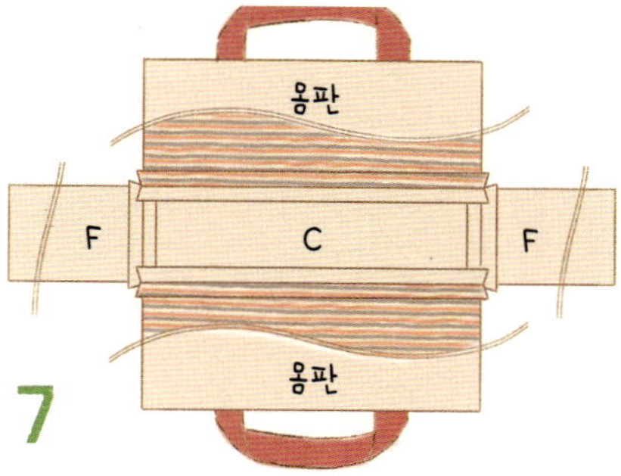

7

만들어 놓은 몸판과 재단해 둔 C와 F를 그림을 참고하여 박음질해 이어줍니다.

8

바닥판에 연결된 앞, 뒤, 옆판의 옆선끼리 박음질합니다. 안감 역시 7번~8번의 방법으로 만들어 줍니다.

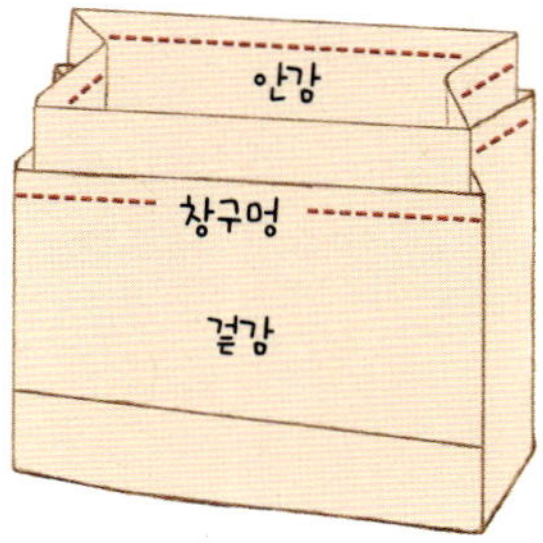

9

겉감을 뒤집은 후, 만들어 놓은 안감과 겉끼리 마주보게 포개어 상단 둘레를 박음질합니다. 이때 창구멍 남기는 것 잊지 마세요!

10

창구멍으로 뒤집은 후, 창구멍은 공그르기해 막아줍니다. 그리고 전체적으로 테두리 라인을 상침해 주세요.

11

입구 중앙에 자석 단추를 달아주고 가방 모양이 예쁘게 잡히도록 모서리 끝에 바늘땀을 넣어주면 완성!

SEWING ITEM. 33

피크닉 매트

싱그러운 초록빛 잔디 위에 화사한 피크닉 매트로 둘만의 작은 공간을 만들어 봅니다.
정성 들여 싸온 도시락을 나눠 먹으며 좋아하는 작가의 책을 읽기도 하고,
나무 그늘에서 기분 좋은 음악을 함께 들으며 잠시 누워 낮잠에 빠져 보세요.

피크닉 매트

완성 사이즈 • 매트 160cm×170cm, 케이스 30cm×23cm

준비물 • **A** 라미네이트 원단 80cm×170cm 2장, **B** 라미네이트 원단 30cm×6.5cm 1장, **C** 라미네이트 원단 30cm×15.5cm 1장, **D** 라미네이트 원단 30cm×23cm 1장, 바이어스 테이프, 점퍼용 지퍼, 웨이빙 끈 30cm 1개

난이도 • ★★★☆☆

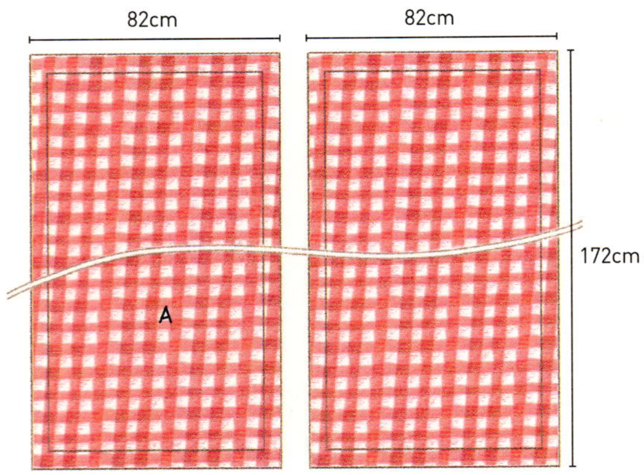

1

A 원단을 시접 1cm씩 여분을 두어 2장 재단합니다.

2

체크 패턴이 어긋나지 않도록 잘 맞추어 겉끼리 마주보게 포갠 후 박음질합니다.

★ 라미네이트 원단은 방수 처리된 원단이므로, 시침핀 대신 시침 집게를 사용해 시접을 고정해 주세요.

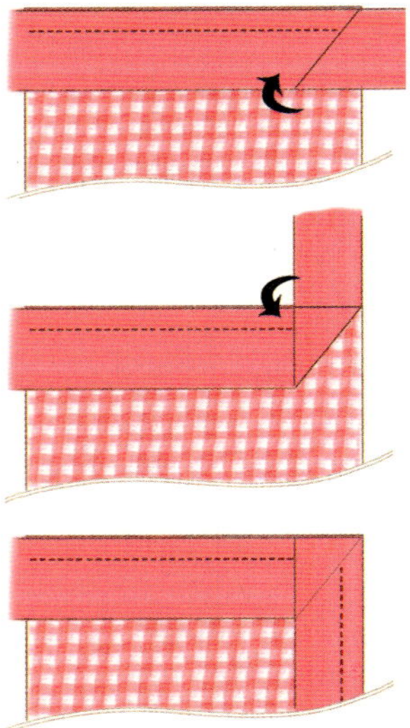

3

A의 시접 끝에 바이어스 테이프를 펼쳐 시침 집게로 고정한 후, 사방을 박음질합니다. 이때 모서리 부분은 삼각형으로 접어 박음질합니다.

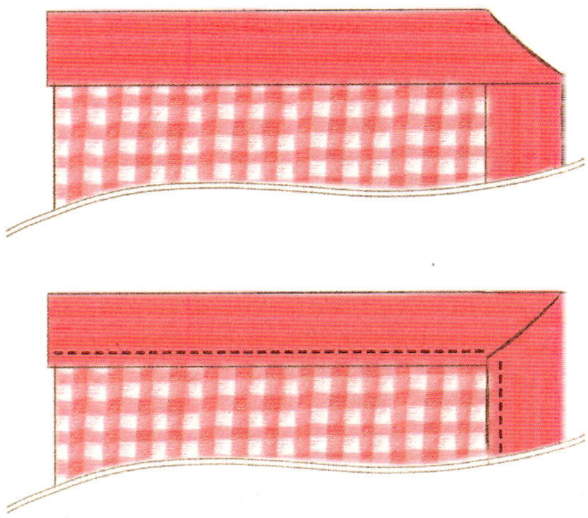

4

바이어스가 시접을 감싸도록 반대편으로 넘겨 접은 후, 시침 집게로 고정해 박음질합니다. 이따 모서리 부분은 삼각형으로 접어 박음질합니다.

5

사방의 테두리를 바이어스 테이프로 감싸 주면 매트가 완성됩니다.

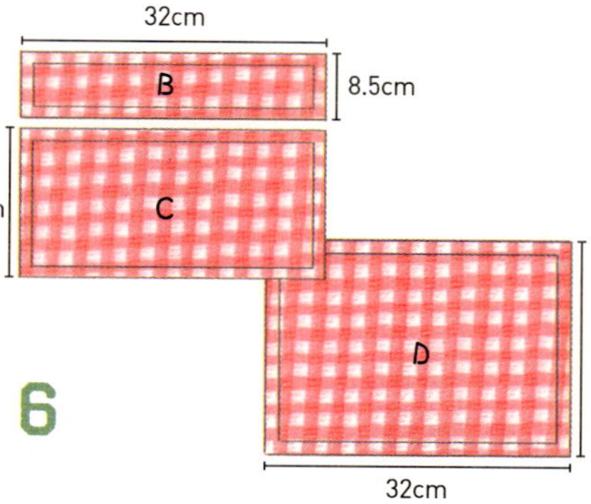

6

이제 매트를 보관할 케이스를 만들어 볼까요? B, C, D 원단을 각각 시접 1cm씩 여분을 두어 재단합니다.

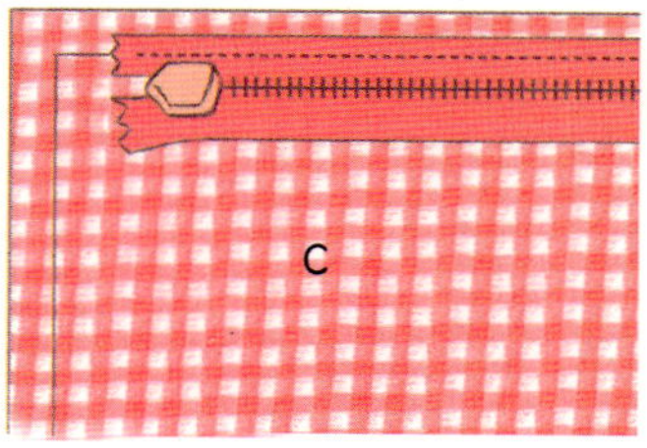

7

C의 겉에 지퍼를 뒤집어 올린 후 박음질합니다.

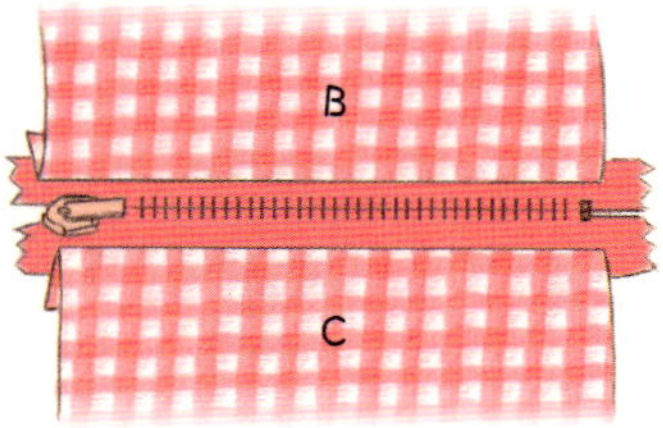

8

B 역시 같은 방법으로 지퍼의 남은 한쪽을 연결해 케이스의 앞판을 완성합니다.

9

D의 겉면에 자수 테이프를 반으로 접어 고리가 달릴 부분에 시침 집게로 고정해둡니다.

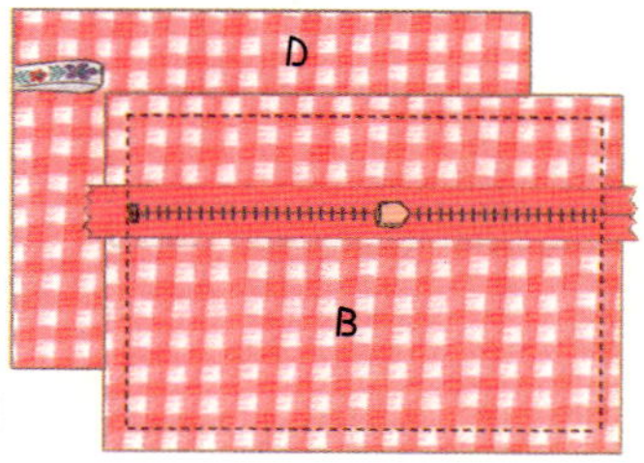

10

앞판의 지퍼를 반쯤 열어두고, D와 겉끼리 맞대어 사방을 박음질한 뒤, 열어둔 지퍼를 통해 뒤집어주면 완성!

ACQUA PANNA
FLOWER SEEDS
PRICE
5 CENTS
Homestead

SEWING ITEM. 34

물병 주머니

보온보냉 기능이 있는 특수 원단을 사용해 물병 주머니를 만들어 볼까요!
외출 시 휴대하면 시원하고 따뜻한 음료를
오랫동안 마실 수 있어 무척 유용한 아이템이랍니다.
가볍게 산책할 때나 운동할 때 챙겨나가면 참 좋겠죠?

도안OK

물병 주머니

완성 사이즈 • 8cm×24cm

준비물 • **A** 빈티지 일러스트 원단 25cm×14cm 1장, **B** 레드 체크 원단 25cm×5cm 1장, **C** 바닥용 레드 체크 원단 8cm×8cm 1장, **D** 안감용 레드 도트 원단 25cm×19cm 1장, **E** 조리개용 레드 도트 원단 25cm×9cm 1장, **F** 안감 바닥용 레드 도트 원단 7cm×7cm 1장, **G** 몸판용 보온보냉지 25cm×19cm 1장, **H** 바닥용 보온보냉지 8×8cm 1장, 2온스 접착솜 25cm×19cm 1장, 8cm×8cm 1장, 바이어스 테이프 30cm, 자수 면 테이프 27cm, 면 끈 35cm, 나무 구슬 2개

난이도 • ★★☆☆☆

1

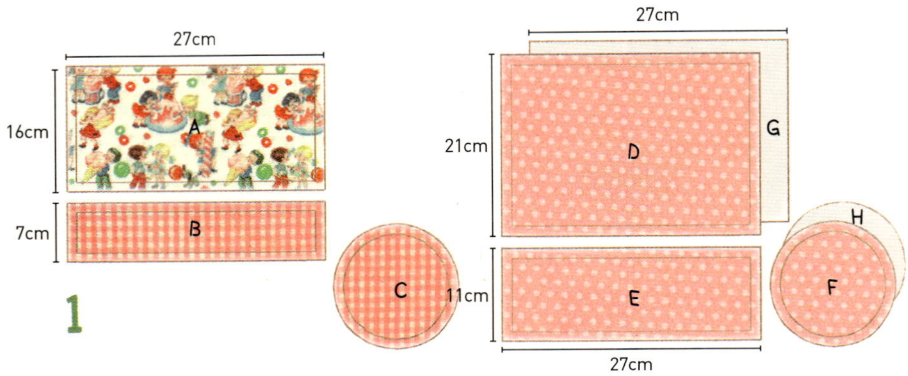

원단들을 각각 도안에서 시접 1cm씩 여분을 두어 재단합니다.

2

몸판이 될 A와 B를 겉끼리 마주보게 포갠 후 박음질합니다.

3

몸판 겉면의 이음선에 자수 면 테이프를 박음질해 경계선을 자연스럽게 가려줍니다.

4

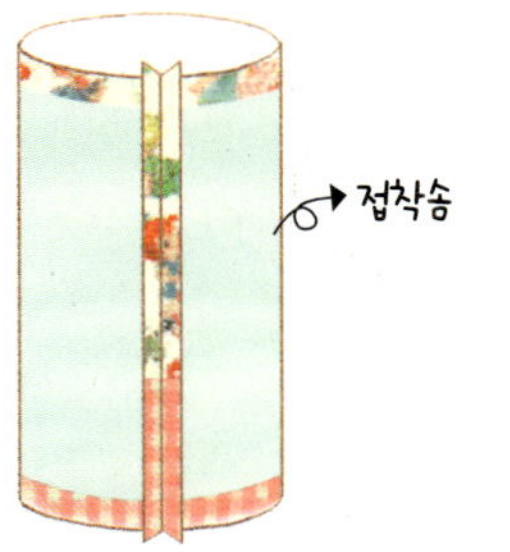

몸판의 안쪽에 접착솜을 붙여준 뒤, 원통형으로 동그랗게 말아 옆선을 박음질합니다.

5

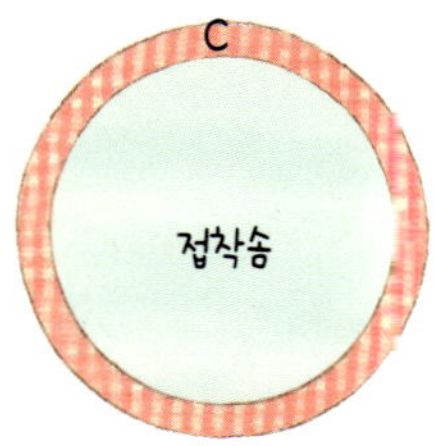

바닥이 될 C의 안쪽에도 접착솜을 붙여줍니다.

6

바닥과 몸판을 겉끼리 직각으로 마주보게 포갠 후, 돌아가며 박음질해 겉감을 완성합니다.

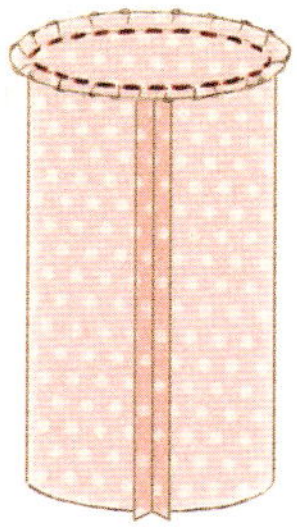

7

재단해 둔 D와 F도 6번과 같은 방법으로 만들어준 후, 시접이 바깥으로 보이도록 놓아두면 안감이 완성됩니다.

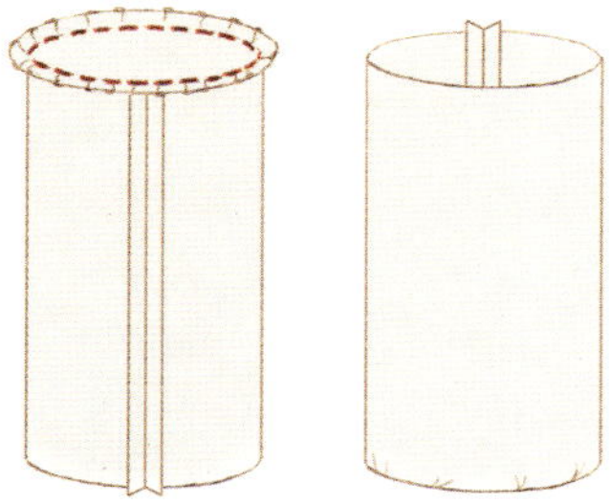

8

보온보냉지인 G와 H도 같은 방법으로 만들어준 후, 시접이 안쪽으로 들어가도록 뒤집어 놓아둡니다.

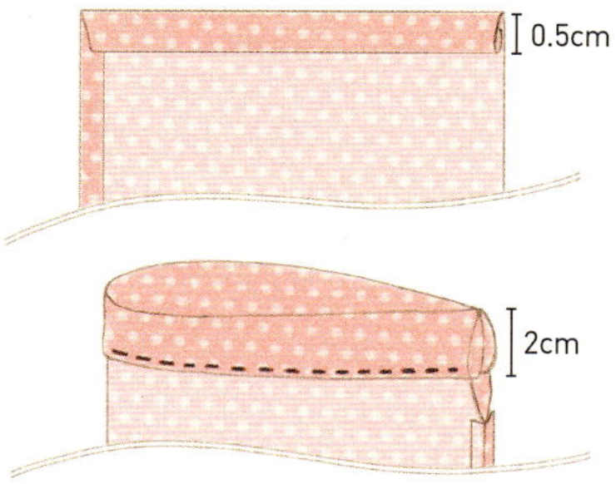

9

재단해 둔 E는 옆선을 안쪽으로 1cm씩 두 번 접어 다림질하고, 상단은 안쪽으로 0.5cm씩 두 번 접어 다림질합니다. 다시 상단을 2cm 접어 박음질하면 조리개용 끈이 통과할 수 있는 터널이 만들어 집니다.

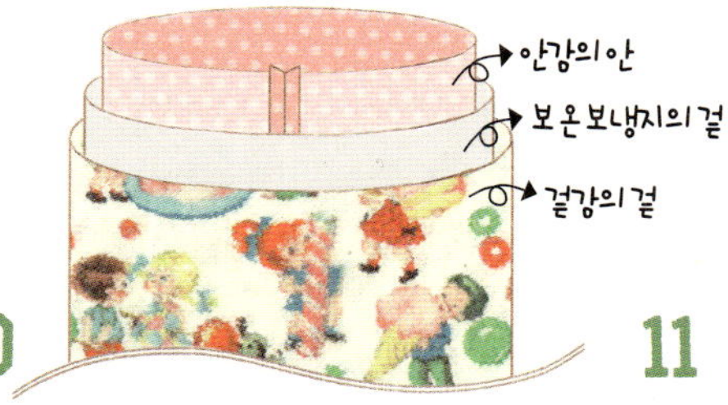

10

안감의 안과 보온보냉지의 겉, 겉감의 겉이 바깥으로 보이도록 그림을 참고해 순서대로 포개어 놓습니다.

11

포개어 놓은 몸판 위로 조리개가 될 E를 시접이 겉에서 보이는 뒤집어진 상태로 겹쳐 놓습니다.

12

순서대로 겹쳐진 테두리를 상단의 바이어스 테이프를 둘러 감아 박음질합니다.

13

조리개를 밖으로 꺼내 터널에 스트링을 넣어주고, 나무 구슬로 매듭을 지어주면 완성!

Kellogg's
Dr.Oetker
VITALIS
Knusper Flakes
"DRINK YOUR APPLE A DAY"
Martinelli's
SPARKLING
APPLE JUICE

SEWING ITEM. 35

피크닉 가방

햇살이 참 좋은 날,
맑은 하늘을 닮은 피크닉 가방을 들고 가까운 공원으로 소풍을 떠나요!
커다란 민트색의 지그재그 무늬가 재미있고 활기찬 느낌을 만들어 줍니다.

도안OK

피크닉 가방

완성 사이즈 • 40cm×30cm

준비물 • **A** 리넨 원단 40cm×30cm 2장, **B** 리넨 원단 24cm×30cm 2장, **C** 민트 지그재그무늬 원단 38cm×23cm 2장, **D** 민트 지그재그무늬 원단 24cm×23cm 2장, **E** 바닥용 리넨 원단 36cm×20cm 1장, **F** 안감용 광목 원단 40cm×30cm 2장, **G** 안감용 광목 원단 24cm×30cm 2장, **H** 광목 원단 30cm×20cm 1장, **I** 손잡이 리넨 원단 55cm×8cm 2장, 웨이빙 끈 55cm 2장, 접착심지

난이도 • ★★★★☆

1

원단들을 각각 도안에서 시접 1cm씩 여분을 두어 재단합니다.

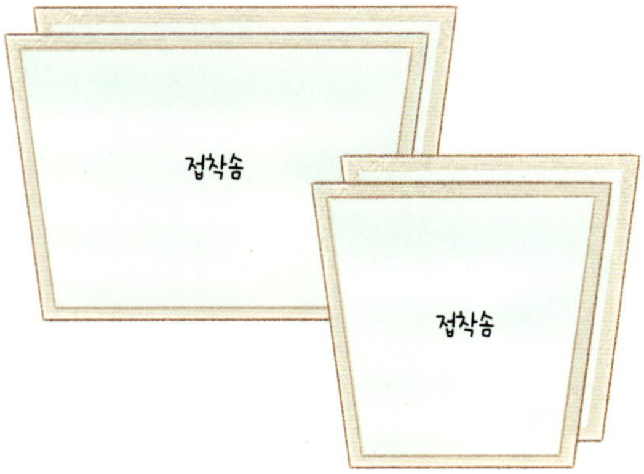

2

A와 B 모두 안쪽에 접착솜을 붙여주세요.

3

C와 D 모두 상단을 안쪽으로 1cm씩 두 번 접어 다림질로 고정하고 박음질합니다. 그리고 상단 가장자리에서 0.3cm 정도 여유를 두고 상침합니다(C, D 각각 2장 모두 해주세요).

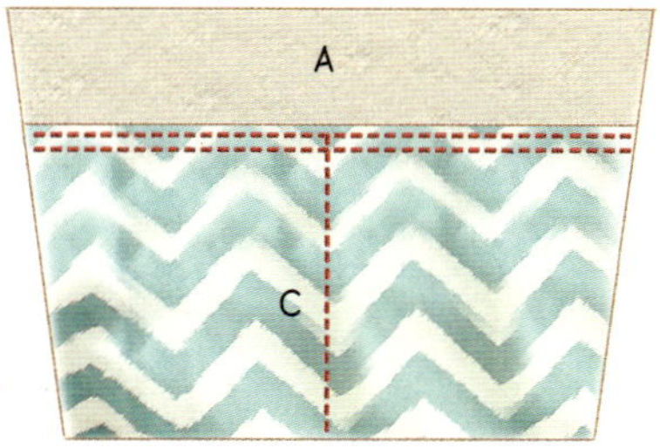

4

A 위에 C를 올려두고, 정 가운데에 맞춰 C까지만 박음질해 이어줍니다(2장 모두 작업해 주세요).

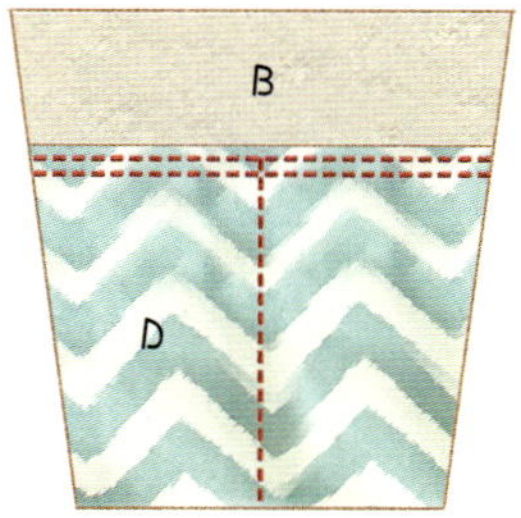

5

B와 D 역시 동일한 방법으로 정 가운데에 맞춰 박음질해 이어줍니다(2장 모두 작업해 주세요).

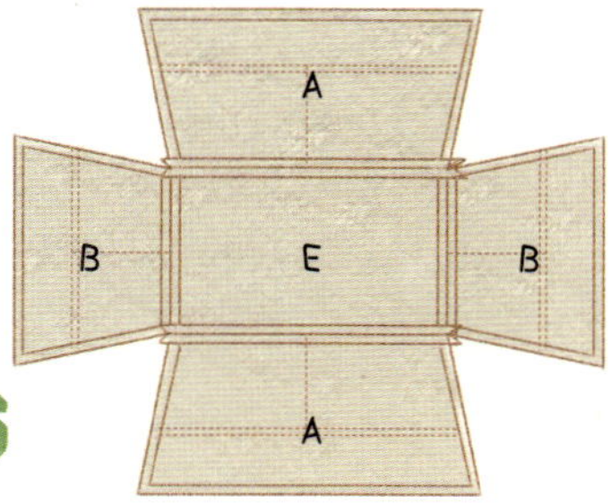

6

E를 중심으로 A와 B를 그림처럼 연결하면 겉감이 완성됩니다.

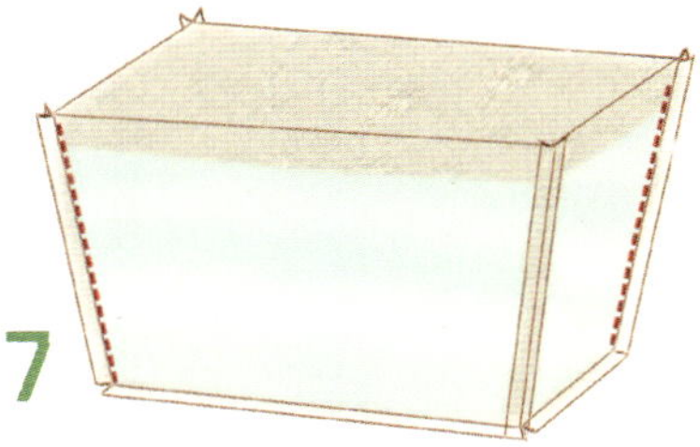

7

옆면끼리 각각 박음질로 이어줍니다. 안감 역시 같은 방법으로 만들어 주세요.

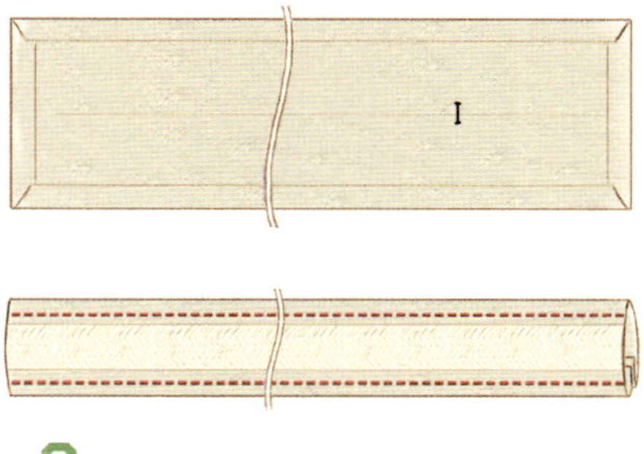

8

I의 사방 시접을 안쪽으로 접어 다림질로 고정하고, 웨이빙 끈을 한쪽에 박음질로 연결합니다. 그리고 시접을 안쪽으로 두어 반을 접은 후, 양쪽 가장자리를 0.3cm 여유를 두고 박음질해 가방 끈을 완성합니다(2개 모두 작업해 주세요).

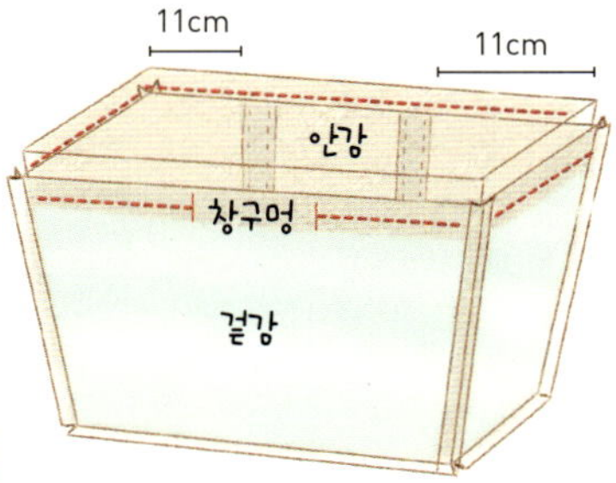

9

만들어 놓은 겉감의 겉면에 각각 끝에서부터 11cm 되는 지점에 가방 끈을 시침핀으로 고정시킨 후, 만들어 놓은 안감을 포개어 창구멍을 남기고 상단을 박음질합니다.

10

창구멍으로 뒤집은 후, 공그르기로 창구멍을 막아주고 상단의 테두리를 상침하면 완성!

LET'S SEWING TIME

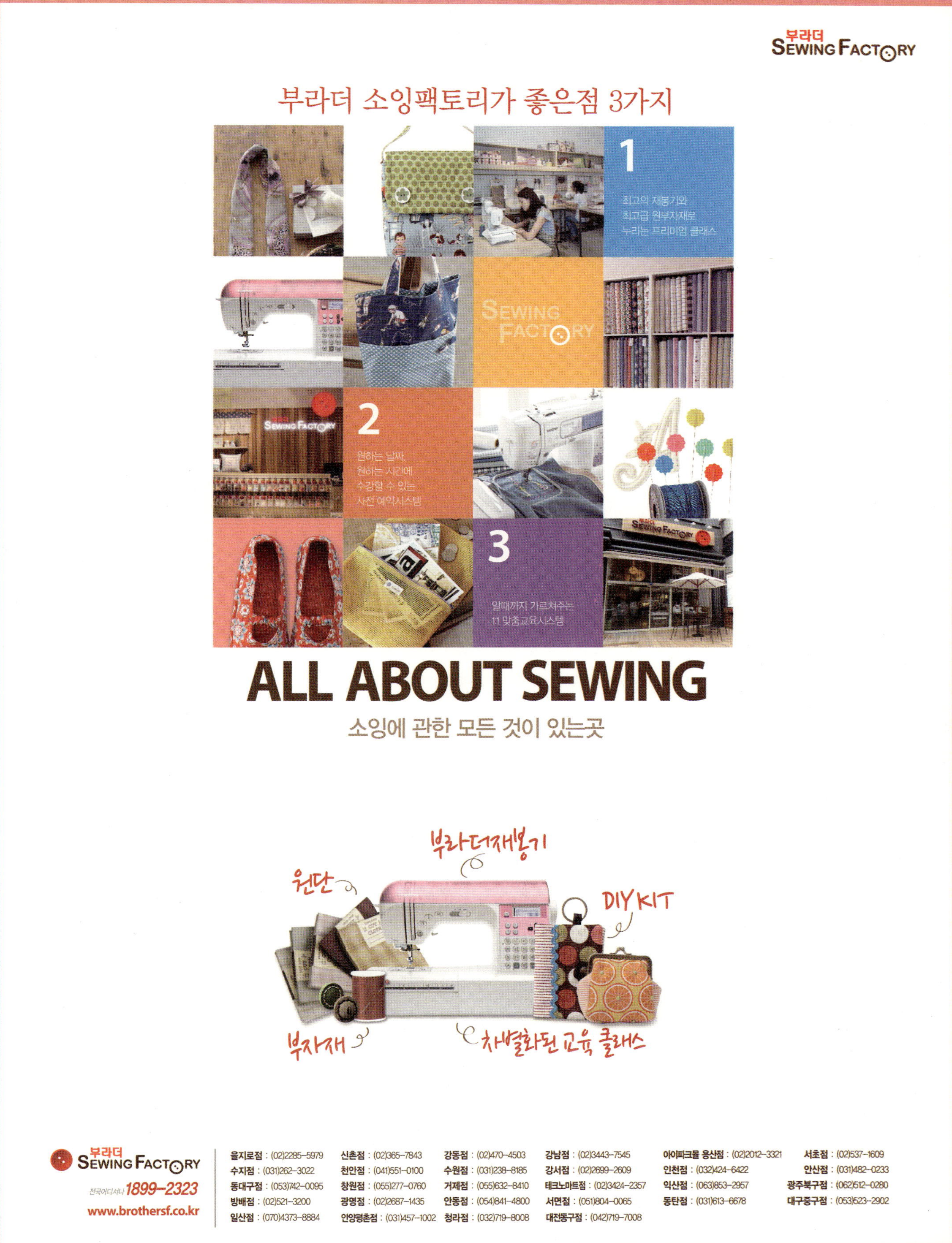
부라더 SEWING FACTORY
부라더 소잉팩토리가 좋은점 3가지
1
최고의 재봉기와
최고급 원부자재로
누리는 프리미엄 클래스
SEWING FACTORY
2
원하는 날짜,
원하는 시간에
수강할 수 있는
사전 예약시스템
3
알때까지 가르쳐주는
1:1 맞춤교육시스템
ALL ABOUT SEWING
소잉에 관한 모든 것이 있는곳
부라더재봉기
원단
DIY KIT
부자재
차별화된 교육 클래스
부라더 SEWING FACTORY
전국어디서나 1899-2323
www.brothersf.co.kr
을지로점 : (02)2285-5979
수지점 : (031)262-3022
동대구점 : (053)742-0095
방배점 : (02)521-3200
일산점 : (070)4373-8884
신촌점 : (02)365-7843
천안점 : (041)551-0100
창원점 : (055)277-0760
광명점 : (02)2687-1435
안양평촌점 : (031)457-1002
강동점 : (02)470-4503
수원점 : (031)238-8185
거제점 : (055)632-8410
안동점 : (054)841-4800
청라점 : (032)719-8008
강남점 : (02)3443-7545
강서점 : (02)2699-2609
테크노마트점 : (02)3424-2357
서면점 : (051)804-0065
대전동구점 : (042)719-7008
아이파크몰 용산점 : (02)2012-3321
인천점 : (032)424-6422
익산점 : (063)853-2957
동탄점 : (031)613-6678
서초점 : (02)537-1609
안산점 : (031)482-0233
광주북구점 : (062)512-0280
대구중구점 : (053)523-2902

부라더미싱
Only Brother
재봉을 완성하는 부라더만의 특별한 재봉기
자수재봉기로 화려한 작품솜씨를 뽐내세요!
NV950 자수
컴퓨터 자수 재봉
7포인트 톱니
LCD 터치 스크린
USB포트를 통한 자수 업데이트
· 196종의 자수 디자인 · 129종의 일반재봉 및 장식재봉 · 더욱 밝아진 LED 램프
· 전자식 조작 버튼 · 원터치 자동 실끼우기 장치
오버록 3034D
오버록으로 간편하고 깔끔한 마무리!
4색실 오버록
끝말이 오버록
블라인드 감침질
핀턱 바느질
인터록
· 손쉬운 4색 실 끼우기 가이드 · 신축성 있는 천소재를 깔끔하게 마무리 · 2침 4색의 오버록 스티치
· 두꺼운 천에서 얇은 천까지 완벽하게 처리 · 인터록, 플랫록 기능 · 기어방식 모터로 강한 내구성
전국어디서나 1588-9477 www.brother.co.kr
SEWING MASTER CLASS
초급
1 Step 에코백
미싱 조작 기능 알기, 직선재봉 연습.
2 지퍼 파우치
종류별 지퍼 노루발 사용방법.
3 단추 쿠션
단추구멍 노루발 사용방법, 단추 달기 기능 사용방법.
4 카페 허리 앞치마
주름노루발 사용방법, 장력 조절 방법 익히기.
5 퀼팅 매트
워킹 풋 노루발을 이용한 두꺼운 원단 누빔 및 장식재봉 사용법 익히기.
홈데코 기초 교재
소잉팩토리에서 만든 재봉교육 입문을 위한 기초 교재
부라더소잉팩토리 초급교육 무료수강증
※ 본 쿠폰은 부라더소잉팩토리 소잉마스터 클래스 초급강좌 쿠폰입니다.
※ 재료비는 별도이며, 부라더 소잉팩토리 오프라인 매장에서만 사용이 가능합니다.
※ 쿠폰사용 전, 해당 지점에 연락 부탁드립니다.
www.brothersf.co.kr 전국어디서나 1899-2323
부라더 SEWING FACTORY
재봉기 작동법 및 기본 재봉기능을 배우는 클래스. 가장 기본적인 직선노루발, 지퍼노루발, 단추구멍노루발, 워킹풋노루발 활용법을 배울 수 있고, 5가지의 키트상품을 통해 평면재봉법을 학습할 수 있습니다.